enVision Matemáticas

Volumen 1 Temas 1 a 7

Autores

Randall I. Charles
Professor Emeritus
Department of Mathematics
San Jose State University
San Jose, California

Jennifer Bay-Williams
Professor of Mathematics
Education
College of Education and Human
Development
University of Louisville
Louisville, Kentucky

Robert Q. Berry, III
Professor of Mathematics
Education
Department of Curriculum,
Instruction and Special Education
University of Virginia
Charlottesville, Virginia

Janet H. Caldwell
Professor Emerita
Department of Mathematics
Rowan University
Glassboro, New Jersey

Zachary Champagne
Assistant in Research
Florida Center for Research in
Science, Technology, Engineering,
and Mathematics (FCR-STEM)
Jacksonville, Florida

Juanita Copley
Professor Emerita
College of Education
University of Houston
Houston, Texas

Warren Crown
Professor Emeritus of Mathematics
Education
Graduate School of Education
Rutgers University
New Brunswick, New Jersey

Francis (Skip) Fennell
Professor Emeritus of
Education and Graduate and
Professional Studies
McDaniel College
Westminster, Maryland

Karen Karp
Professor of
Mathematics Education
School of Education
Johns Hopkins University
Baltimore, Maryland

Stuart J. Murphy
Visual Learning Specialist
Boston, Massachusetts

Jane F. Schielack
Professor Emerita
Department of Mathematics
Texas A&M University
College Station, Texas

Jennifer M. Suh
Associate Professor for
Mathematics Education
George Mason University
Fairfax, Virginia

Jonathan A. Wray
Mathematics Supervisor
Howard County Public Schools
Ellicott City, Maryland

SAVVAS
LEARNING COMPANY

Matemáticos

Roger Howe
Professor of Mathematics
Yale University
New Haven, Connecticut

Gary Lippman
Professor of Mathematics and
Computer Science
California State University, East Bay
Hayward, California

Asesores de ELL

Janice R. Corona
Independent Education Consultant
Dallas, Texas

Jim Cummins
Professor
The University of Toronto
Toronto, Canada

Revisores

Katina Arnold
Teacher
Liberty Public School District
Kansas City, Missouri

Christy Bennett
Elementary Math and Science
Specialist
DeSoto County Schools
Hernando, Mississippi

Shauna Bostick
Elementary Math Specialist
Lee County School District
Tupelo, Mississippi

Samantha Brant
Teacher
Platte County School District
Platte City, Missouri

Jamie Clark
Elementary Math Coach
Allegany County Public Schools
Cumberland, Maryland

Shauna Gardner
Math and Science Instructional Coach
DeSoto County Schools
Hernando, Mississippi

Kathy Graham
Educational Consultant
Twin Falls, Idaho

Andrea Hamilton
K-5 Math Specialist
Lake Forest School District
Felton, Delaware

Susan Hankins
Instructional Coach
Tupelo Public School District
Tupelo, Mississippi

Barb Jamison
Teacher
Excelsior Springs School District
Excelsior Springs, Missouri

Pam Jones
Elementary Math Coach
Lake Region School District
Bridgton, Maine

Sherri Kane
Secondary Mathematics
Curriculum Specialist
Lee's Summit R7 School District
Lee's Summit, Missouri

Jessica Leonard
ESOL Teacher
Volusia County Schools
DeLand, Florida

Jill K. Milton
Elementary Math Coordinator
Norwood Public Schools
Norwood, Massachusetts

Jamie Pickett
Teacher
Platte County School District
Kansas City, Missouri

Mandy Schall
Math Coach
Allegany County Public Schools
Cumberland, Maryland

Marjorie Stevens
Math Consultant
Utica Community Schools
Shelby Township, Michigan

Shyree Stevenson
ELL Teacher
Penns Grove-Carneys Point
Regional School District
Penns Grove, New Jersey

Kayla Stone
Teacher
Excelsior Springs School District
Excelsior Springs, Missouri

Sara Sultan
PD Academic Trainer, Math
Tucson Unified School District
Tucson, Arizona

Angela Waltrup
Elementary Math Content Specialist
Washington County Public Schools
Hagerstown, Maryland

SAVVAS
LEARNING COMPANY

ISBN-13: 978-0-13-496283-2
ISBN-10: 0-13-496283-4

Recursos digitales

¡Usarás estos recursos digitales a lo largo del año escolar!

Visita SavvasRealize.com

 Libro del estudiante
Tienes acceso en línea y fuera de línea.

 Aprendizaje visual
Interactúa con el aprendizaje visual animado.

 Cuaderno de práctica adicional
Tienes acceso en línea y fuera de línea.

 Amigo de práctica
Haz prácticas interactivas en línea.

 Herramientas matemáticas
Explora las matemáticas con herramientas digitales.

 Evaluación
Muestra lo que aprendiste.

A-Z **Glosario**
Lee y escucha en inglés y en español.

SAVVAS realize. Todo lo que necesitas para las matemáticas a toda hora y en cualquier lugar.

Contenido

Recursos digitales en SavvasRealize.com

¡Recuerda que tu Libro del estudiante está disponible en SavvasRealize.com!

Aquí se muestra cómo hallar el valor de los dígitos de un número.

TEMA 1 Hacer generalizaciones sobre el valor de posición

Aquí se muestra una manera de sumar números enteros.

$$\begin{array}{r} {\scriptstyle 1\ 1} \\ 9{,}263 \\ +\ 7{,}951 \\ \hline 17{,}214 \end{array}$$

TEMA 2 Sumar y restar números enteros de varios dígitos con fluidez

Aquí se muestra cómo se usan los productos parciales para multiplicar.

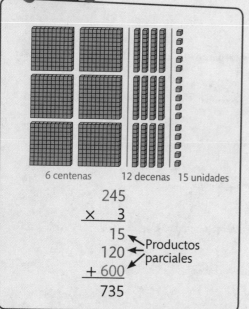

6 centenas   12 decenas   15 unidades

$$
\begin{array}{r}
245 \\
\times \quad 3 \\
\hline
15 \\
120 \\
+\ 600 \\
\hline
735
\end{array}
$$

15 ← Productos
120 ← parciales

TEMA 3 Usar estrategias y propiedades para multiplicar por números de 1 dígito

Aquí se muestra cómo se pueden representar los productos parciales para ayudarte a multiplicar.

$10 \times 10 = 100$

$10 \times 5 = 50$

15

12

$2 \times 10 = 20$

$2 \times 5 = 10$

TEMA 4 Usar estrategias y propiedades para multiplicar por números de 2 dígitos

Aquí se muestra cómo el valor de posición te puede ayudar a dividir.

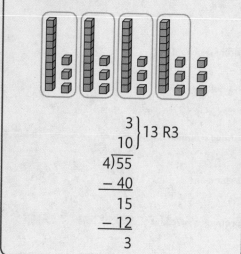

$$\left.\begin{array}{r} 3 \\ 10 \end{array}\right\} 13 \text{ R3}$$

$$\begin{array}{r} 4\overline{)55} \\ -40 \\ \hline 15 \\ -12 \\ \hline 3 \end{array}$$

TEMA 5 Usar estrategias y propiedades para dividir por números de 1 dígito

Aquí se muestra cómo se puede representar una comparación.

42

3 | *n* veces la cantidad

TEMA 6 Usar operaciones con números enteros para resolver problemas

Aquí se muestra cómo se pueden usar matrices para representar pares de factores de un número.

TEMA 7 Factores y múltiplos

TEMA 8 en el volumen 2

Ampliar el conocimiento de la equivalencia y el orden de las fracciones

TEMA 9 en el volumen 2

Suma y resta de fracciones

TEMA 10 en el volumen 2

Aplicar los conceptos de la multiplicación a las fracciones

TEMA 11 en el volumen 2

Representar e interpretar datos en diagramas de puntos

TEMA 12 en el volumen 2

Comprender y comparar números decimales

TEMA 13 en el volumen 2

Medición: Hallar equivalencias en las unidades de medida

TEMA 14 en el volumen 2
Álgebra: Generar y analizar patrones

TEMA 15 en el volumen 2
Medición geométrica: Conceptos y medición de ángulos

TEMA 16 en el volumen 2
Rectas, ángulos y figuras

Manual de Prácticas matemáticas y resolución de problemas

El **Manual de Prácticas matemáticas y resolución de problemas** está disponible en SavvasRealize.com.

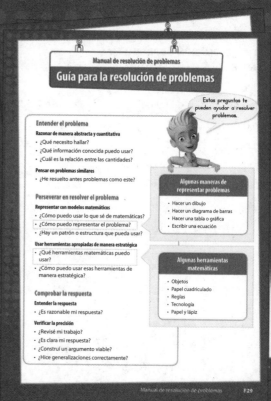

Prácticas matemáticas

Guía para la resolución de problemas

Resolución de problemas: Hoja de anotaciones

Diagramas de barras

Hacer generalizaciones sobre el valor de posición

Preguntas esenciales: ¿Cómo se escriben los números más grandes? ¿Cómo se pueden comparar los números enteros? ¿Cómo se relacionan los valores de posición?

El agua, el viento y el hielo pueden cambiar la forma de las rocas a lo largo de miles de años. Esto se llama erosión.

La roca Kannesteinen, que se encuentra en Noruega, obtuvo su forma como resultado del movimiento del mar que la rodea.

Las montañas, las cuevas y algunas islas son tipos de formaciones rocosas. Este es un proyecto sobre las cuevas y los números más grandes.

Proyecto de enVision STEM: Cuevas

Investigar Usa la Internet u otras fuentes de información para investigar sobre la profundidad, en pies, de las 5 cuevas más profundas del mundo.

Diario: Escribir un informe Incluye lo que averiguaste. En tu informe, también:

- haz una tabla de valor de posición que incluya las cinco profundidades.

- escribe las profundidades en forma desarrollada.

- usa *mayor que* o *menor que* para comparar las profundidades de dos de las cuevas.

Repasa lo que sabes

Vocabulario

Escoge el mejor término del recuadro.
Escríbelo en el espacio en blanco.

- forma desarrollada
- nombre de un número
- números enteros
- recta numérica
- redondear
- valor de posición

1. Los números 0, 1, 2, 3, 4 y así sucesivamente, se llaman_____.

2. Un número escrito solamente con palabras es el/la _____.

3. Reemplazar un número con otro que indica aproximadamente cuánto es se llama _____.

4. El/La _____ es el valor dado a la posición de un dígito en un número.

Comparar números

Compara los pares de números usando >, <, o =.

5. 201 ◯ 21

6. 313 ◯ 313

7. 289 ◯ 290

8. 7 ◯ 70

9. 725 ◯ 726

10. 82 ◯ 82

11. 614 ◯ 641

12. 618 ◯ 618

13. 978 ◯ 987

Valor de posición

Indica si el dígito subrayado está en el lugar de las unidades, decenas, centenas o millares.

14. 9,482

15. 8,000

16. 1,506

17. 8,005

18. 5,100

19. 2,731

En este tema aprenderás más sobre el valor de posición.

Redondear

20. Construir argumentos Usa la recta numérica para describir cómo redondear 450 a la centena más cercana.

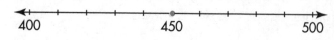

400   450   500

Nombre _____

PROYECTO 1A

¿Cuántos huesos tiene tu cuerpo?

Proyecto: Haz un cartel sobre los huesos

PROYECTO 1B

¿Te gustaría ser un maestro de obras?

Proyecto: Diseña un edificio

PROYECTO 1C

¿Cuál es tu estadio favorito?

Proyecto: Crea el modelo de un estadio

Antes de ver el video, piensa:

La semana pasada leí un libro entero de una sola vez. No podía dejar de leerlo. ¿Qué tan larga es tu lista de lecturas? ¿Crees que me llevará un año leer esta pila de libros? Hora de empezar.

Puedo...

representar con modelos matemáticos para resolver problemas que incluyen redondeo, estimación y cálculo con números enteros.

Nombre _____

Resuélvelo y **coméntalo**

La Sra. Darcy ahorró diez billetes de $100. ¿Cuánto dinero ahorró la Sra. Darcy?

Puedes usar el razonamiento para resolver un problema. Piensa en lo que sabes sobre diez billetes de $10 para ayudarte a hallar cuánto dinero habrías ahorrado si tuvieras diez billetes de $100.

Puedo...
leer y escribir números hasta un millón en forma desarrollada, usando números y el nombre de los números.

También puedo razonar sobre las matemáticas.

¡Vuelve atrás! ¿Cómo decidiste cuántos ceros necesitabas escribir en tu respuesta?

Pregunta esencial

¿Cuáles son algunas maneras de escribir números hasta un millón?

A

La gráfica muestra la asistencia a un estadio de béisbol durante un año. Escribe la asistencia total en forma desarrollada y usando el nombre del número.

El valor de posición es la posición de un dígito en un número e indica el valor del dígito.

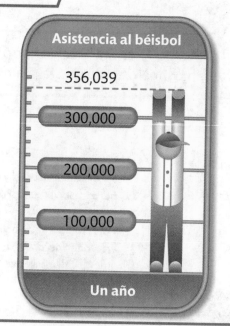

Asistencia al béisbol

356,039

300,000

200,000

100,000

Un año

B

La tabla de valor de posición muestra períodos de tres lugares, empezando por el de las unidades desde la derecha e incluye los períodos de los millares y los millones. Cada período se separa con una coma y tiene tres valores de posición: unidades, decenas y centenas.

período de los millones · período de los millares · período de las unidades

centenas de millón · decenas de millón · millones · centenas de millar · decenas de millar · millares · centenas · decenas · unidades

3 5 6, 0 3 9

Los dígitos de 356,039 están anotados en su lugar en la tabla. La forma desarrollada muestra la suma de los valores de los dígitos.

Forma desarrollada: 300,000 + 50,000 + 6,000 + 30 + 9

Nombre del número: Trescientos cincuenta y seis mil treinta y nueve

Fíjate que la coma separa los períodos.

¡Convénceme! **Buscar relaciones** ¿Qué patrón hay en los tres valores de posición de cada período?

Otro ejemplo

21,125 se puede desarrollar y escribir de diferentes maneras.

20,000 + 1,000 + 100 + 20 + 5
21,000 + 100 + 25
20,000 + 1,100 + 20 + 5

Cada forma es igual a 21,125.

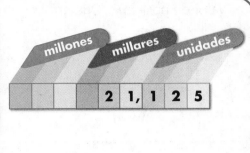

millones			millares			unidades		
			2	1,	1	2	5	

Práctica guiada

¿Lo entiendes?

1. ¿Qué notas sobre la coma en el número de la página anterior?

2. Escribe un ejemplo de un número que llevaría 2 comas.

¿Cómo hacerlo?

3. Escribe 7,320 en forma desarrollada.

4. Escribe el nombre del número 55,426.

5. Hace unos años, 284,604 seguidores asistieron a los partidos eliminatorios de hockey en Chicago. ¿Qué dígito se encuentra en el lugar de los millares en 284,604?

Práctica independiente

Para **6** a **8**, escribe cada número en forma desarrollada.

6. 7,622

7. 294,160

8. 43,702

Para **9** a **11**, escribe el nombre de cada número.

9. 1,688

10. 331,872

11. 44,444

Resolución de problemas

12. Leticia escribió mil doscientos cuatro en una tabla de valor de posición. ¿Qué error cometió?

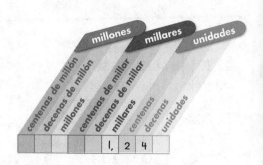

---

13. **Razonar** En 2016, el árbol más viejo del mundo tenía 5,066 años. Escribe el número que es una centena más usando el nombre del número.

14. Jessica quiere comprar una chaqueta de un equipo deportivo que cuesta $35. Si Jessica ahorra $5 por semana durante 4 semanas y $4 por semana durante 3 semanas, ¿tendrá suficiente dinero para comprar la chaqueta? Explícalo.

---

15. **(A-Z) Vocabulario** Drew escribió la siguiente oración: "Un período es un grupo de tres dígitos cualesquiera en un número". ¿Estás de acuerdo con Drew? Si no, ¿cómo lo corregirías?

16. **Razonamiento de orden superior** Dos números tienen el mismo dígito en el período de los millones, los mismos dígitos en el período de los millares y los mismos dígitos en el período de las unidades. ¿Tienen el mismo valor los dos números? Explícalo.

☑ Práctica para la evaluación

17. Wallace escribe el número 72,204 en una tabla de valor de posición. Selecciona los lugares que se pueden llenar en la tabla.

- ☐ Unidades
- ☐ Decenas
- ☐ Millares
- ☐ Decenas de millar
- ☐ Centenas de millar

18. Selecciona todas las opciones que son iguales a 96,014.

- ☐ $96,000 + 10 + 4$
- ☐ $90,000 + 60,000 + 10 + 4$
- ☐ $90,000 + 6,000 + 4$
- ☐ $90,000 + 6,000 + 10 + 4$
- ☐ $96,000 + 14$

Nombre _____

Resuélvelo y coméntalo

A continuación se muestran bloques de valor de posición para 1, 10 y 100. ¿Qué patrones ves en las formas y tamaños de los bloques?

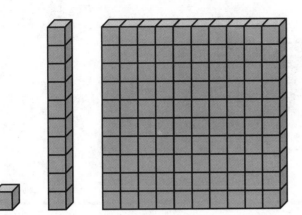

Puedo...
reconocer que un dígito en una posición es diez veces el mismo dígito en el lugar a su derecha.

También puedo hacer generalizaciones a partir de ejemplos.

Usa el razonamiento. Puedes usar el valor de posición para analizar la relación entre los dígitos de un número.

¡Vuelve atrás! Describe dos maneras en que se relacionan 100 y 10.

Pregunta esencial **¿Cómo se relacionan entre sí los valores de posición?**

A

Kiana tiene tapas de botellas y quiere recolectar diez veces esa cantidad. ¿Cuántas tapas de botellas tendrá Kiana cuando lo haga?

Piensa en los valores de posición.

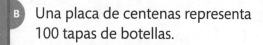

100 tapas de botellas

B

Una placa de centenas representa 100 tapas de botellas.

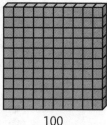

100

C

Para hallar diez veces esa cantidad de tapas de botellas, agrupo 10 placas de centenas.

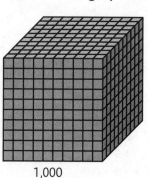

1,000

Mil es diez veces 100.

$100 \times 10 = 1{,}000$

Cien es una décima de 1,000.

$1{,}000 \div 10 = 100$

Kiana tendrá 1,000 tapas de botellas en su colección.

¡Convénceme! **Generalizar** Usa bloques de valor de posición para representar 1 y 10, 10 y 100, 100 y 1,000. ¿Qué patrón ves?

Otro ejemplo

Joe obtuvo 2,000 puntos en un videojuego progresivo. Le llevó 5 semanas llegar a un puntaje total de 20,000, y 3 meses llegar a 200,000. ¿Cuántas veces la cantidad de su primer puntaje fue el puntaje que obtuvo luego de 5 semanas? ¿Y luego de 3 meses?

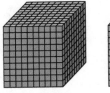

Luego de 5 semanas, el puntaje de Joe fue 10 veces la cantidad del primer puntaje.

Luego de 3 meses, el puntaje de Joe fue 100 veces la cantidad del primer puntaje.

$2,000 \times 10 = 20,000$

$20,000 \times 10 = 200,000$

$10 \times 10 = 100$

☆ Práctica guiada

¿Lo entiendes?

1. ¿Es el valor de 2 en 23,406 diez veces el valor de 3? Explícalo.

¿Cómo hacerlo?

Para **2**, usa la relación entre los valores de los dígitos para resolver.

2. Escribe un número en el cual el valor de 3 sea diez veces el valor del 3 en 135,864.

☆ Práctica independiente ☆

Para **3** a **5**, usa la relación entre los valores de los dígitos para resolver.

3. El distrito escolar Baseten compró 5,000 lápices. Los distribuyen equitativamente a 10 escuelas en el distrito. ¿Cuántos lápices obtendrá cada escuela?

4. La escuela elemental Place recauda dinero. Cada semana se recaudan $90. ¿Cuánto le llevará recaudar $900?

5. La escuela elemental Value recibió una donación de 50 reglas. La escuela recibió 10 veces esa cantidad de borradores. ¿Cuántos borradores recibió?

Resolución de problemas

6. ¿Qué puedes decir acerca de los 3 en los números 43,862 y 75,398?

7. Evaluar el razonamiento María dice que en el número 5,555, todos los dígitos tienen el mismo valor. ¿Tiene razón? Explícalo.

---

8. Sentido numérico En 1934, hubo una gran sequía en la región de las Grandes Llanuras. En el número 1,934, ¿es el valor del 9 en la posición de las centenas diez veces el valor del 3 en la de las decenas? Explícalo.

9. Evaluar el razonamiento Vin dice que un 4 es 10 veces el valor del otro 4 en 4,346. ¿Tiene razón? Explícalo.

---

10. Describe 2 maneras de hallar el área del rectángulo coloreado.

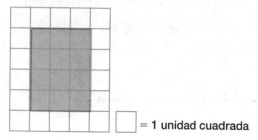

$\square$ = 1 unidad cuadrada

11. Razonamiento de orden superior En 448,244, ¿en qué sentido la relación entre el primer par de 4 es igual a la relación entre el segundo par de 4?

✓ **Práctica para la evaluación**

12. ¿Cuál de las siguientes opciones expresa el valor de los 4 en el número 44,492?

Ⓐ 40,000; 4,000; 400

Ⓑ 40,000; 400; 40

Ⓒ 4,000; 400; 4

Ⓓ 400; 40; 4

13. ¿En qué número es el valor del dígito rojo diez veces el valor del dígito azul?

Ⓐ **3**35,531

Ⓑ 335,**5**31

Ⓒ 335,5**3**1

Ⓓ 335,53**1**

Nombre _____

Resuélvelo y coméntalo

La Sra. Darcy ahorró diez billetes de $100. ¿Cuánto dinero ahorró la Sra. Darcy?

Puedes usar el razonamiento para resolver un problema. Piensa en lo que sabes sobre diez billetes de $10 para ayudarte a hallar cuánto dinero habrías ahorrado si tuvieras diez billetes de $100.

Puedo...
leer y escribir números hasta un millón en forma desarrollada, usando números y el nombre de los números.

También puedo razonar sobre las matemáticas.

¡Vuelve atrás! ¿Cómo decidiste cuántos ceros necesitabas escribir en tu respuesta?

¿Cuáles son algunas maneras de escribir números hasta un millón?

A

La gráfica muestra la asistencia a un estadio de béisbol durante un año. Escribe la asistencia total en forma desarrollada y usando el nombre del número.

El valor de posición es la posición de un dígito en un número e indica el valor del dígito.

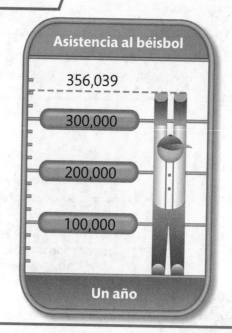

Asistencia al béisbol

356,039

300,000

200,000

100,000

Un año

B

La tabla de valor de posición muestra períodos de tres lugares, empezando por el de las unidades desde la derecha e incluye los períodos de los millares y los millones. Cada período se separa con una coma y tiene tres valores de posición: unidades, decenas y centenas.

período de los millones · período de los millares · período de las unidades

centenas de millón	decenas de millón	millones	centenas de millar	decenas de millar	millares	centenas	decenas	unidades
		3	5	6,	0	3	9

Los dígitos de 356,039 están anotados en su lugar en la tabla. La forma desarrollada muestra la suma de los valores de los dígitos.

Forma desarrollada: 300,000 + 50,000 + 6,000 + 30 + 9

Nombre del número: Trescientos cincuenta y seis mil treinta y nueve

Fíjate que la coma separa los períodos.

¡Convénceme! **Buscar relaciones** ¿Qué patrón hay en los tres valores de posición de cada período?

Nombre _____

Resuélvelo y coméntalo

Un submarino robótico se puede sumergir a una profundidad de 26,000 pies. ¿Qué océanos puede explorar el submarino hasta el fondo? *Resuelve este problema de la manera que prefieras.*

Puedo...
usar el valor de posición para comparar números y representar las comparaciones usando <, = o >.

También puedo representar con modelos matemáticos.

Puedes representar con modelos matemáticos. Usa lo que sabes sobre el valor de posición como ayuda para resolver el problema.

DATOS	Océano	Profundidad
	Atlántico	28,232 pies
	Pacífico	35,840 pies
	Índico	23,376 pies

¡Vuelve atrás! ¿Cuál de los océanos de la tabla es el menos profundo? Explícalo.

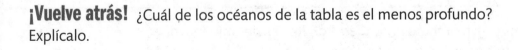

Pregunta esencial ¿Cómo se pueden comparar los números?

A

La Tierra no es perfectamente redonda. El Polo Norte está a 6,356 kilómetros del centro de la Tierra. El ecuador está a 6,378 kilómetros del centro. ¿Cuál está más cerca del centro de la Tierra: el Polo Norte o el ecuador?

Polo Norte: 6,356 kilómetros del centro

Ecuador: 6,378 kilómetros del centro

Centro de la Tierra

El símbolo > significa "es mayor que" y el símbolo < significa "es menor que".

B Paso 1

Escribe los números alineando los lugares. Empieza por la izquierda y compáralos.

6,356
6,378

El dígito de los millares es igual en los dos números.

C Paso 2

Observa el siguiente dígito. Compara las centenas.

6,356
6,378

El dígito de las centenas también es igual en los dos números.

D Paso 3

El primer lugar en el que los dígitos son diferentes es el lugar de las decenas. Compara las decenas.

6,356   5 decenas < 7 decenas;
6,378   por tanto, 6,356 < 6,378.

El Polo Norte está más cerca del centro de la Tierra que el ecuador.

¡Convénceme! **Razonar** ¿Un número entero de 4 dígitos es siempre mayor o menor que un número entero de 3 dígitos? Explícalo.

☆Práctica guiada

¿Lo entiendes?

1. ¿Qué lugar usarías para comparar los números 60,618 y 60,647?

2. El área total de Marruecos es de 442,300 kilómetros cuadrados. El área total de Uzbekistán es de 447,400 kilómetros cuadrados. Usa >, < o = para comparar las dos áreas.

¿Cómo hacerlo?

Para **3** a **7**, completa escribiendo >, = o < en cada ⬭.

3. 2,643 ⬭ 2,643

4. 62,519 ⬭ 64,582

5. 218,701 ⬭ 118,692

6. 32,467 ⬭ 32,467

7. 19,219 ⬭ 19,209

☆Práctica independiente

Para **8** a **12**, completa escribiendo >, = o < en cada ⬭.

8. 22,873 ⬭ 22,774

9. 912,706 ⬭ 912,706

10. 22,240 ⬭ 2,224

11. 30,000 + 5,000 + 3 ⬭ 300,000 + 5,000

12. 40,000 + 2,000 + 600 + 6 ⬭ 40,000 + 3,000 + 10

Para **13** a **17**, escribe el lugar que usarías para comparar los números.

13. 394,284
328,234

14. 6,716
6,714

15. 32,916
32,819

16. 12,217
11,246

17. 812,497
736,881

¡Recuerda que debes comparar los valores de posición empezando por la izquierda!

Resolución de problemas

Para **18** y **19**, usa la tabla de la derecha.

18. ¿Qué géneros en la tienda Los libros de Danny **NO** se vendieron más que los libros de ciencias?

19. ¿Qué géneros en la tienda Los libros de Danny se vendieron más que las biografías?

Ventas de Los libros de Danny	
Ficción	48,143
Fantasía	42,843
Biografía	41,834
Ciencias	41,843
Humor	14,843

20. Celia compró 3 paquetes de 4 panes para hamburguesa y 3 bolsas de 8 panes para *hot dog*. ¿Cuántos panes de hamburguesa y de *hot dog* compró Celia?

21. Entender y perseverar Escribe tres números en los que usarías el lugar de las centenas para compararlos con 35,712.

22. enVision® STEM La glaciación illinoiense comenzó hace aproximadamente 300,000 años. La glaciación wolstoniana comenzó hace aproximadamente 352,000 años. Compara 300,000 y 352,000.

23. Hay 5,287 manzanos en un huerto en Maine. Hay 5,729 manzanos en un huerto en Vermont. Usa <, > o = para escribir una comparación entre la cantidad de manzanos en cada huerto.

24. En 2010, la población de Alaska era de 710,231 habitantes. Escribe este número en forma desarrollada y, luego, escribe el nombre del número.

25. Razonamiento de orden superior Explica cómo sabes que 437,160 es mayor que 43,716.

☑ Práctica para la evaluación

26. Indica si cada comparación es verdadera o falsa.

	Verdadera	Falsa
209,999 > 210,000	☐	☐
59,546 < 59,564	☐	☐
178,614 > 178,641	☐	☐

27. Indica si cada comparación es verdadera o falsa.

	Verdadera	Falsa
111,009 > 111,110	☐	☐
28,736 < 27,736	☐	☐
69,454 > 69,455	☐	☐

Nombre _____

Resuélvelo y coméntalo

Haz una lista de 7 números que se redondeen a 300. Usa una variedad de números. **Resuelve este problema de la manera que prefieras.**

Puedo...
usar el valor de posición para redondear números.

También puedo usar una herramienta matemática para resolver un problema.

Selecciona y usa herramientas apropiadas. Una recta numérica te puede ayudar a redondear números.

¡Vuelve atrás! ¿Cuál es el número más grande, entre 200 y 300, que está más cerca de 200 que de 300? Explícalo.

Pregunta esencial **¿Cómo se pueden redondear los números?**

A

James investigó 10 datos sobre Tallahassee, Florida, para una tarea. Uno de los datos que encontró fue la población de Tallahassee en el año 2017. Decidió redondear la población para su cartel Datos de Florida. Si James redondeó la población de 2017 al millar más cercano, ¿cuál fue el número que escribió en su cartel?

Censo 2017
Tallahassee, Florida

POBLACIÓN TOTAL
181,376

Cuando redondeas, hallas qué número de referencia, es decir, múltiplo de 10, 100, 1,000, etc., está más cerca de un número.

B

Redondea 181,376 al millar más cercano:

181,376 se ubica entre 181,000 y 182,000.

181,000 ———————————— 182,000

C

Halla a qué número se acerca más el número 181,376.

Marca el punto medio en la recta numérica.

Si el número se encuentra a la izquierda del punto medio, se redondea hacia abajo.

Si el número se encuentra a la derecha del punto medio, se redondea hacia arriba.

181,376

181,000   181,500   182,000
             punto medio

181,376 se encuentra a la izquierda del punto medio.

En el cartel escribió que la población era de 181,000.

¡Convénceme! **Evaluar el razonamiento** Elisa dijo: "Cuando redondeo estos tres números, obtengo el mismo número para dos de ellos". Antonio dijo: "¡Vaya! Cuando redondeo estos números, obtengo el mismo número para los tres". ¿Quién tiene razón? Explícalo.

Tres números

1,483   1,250   1,454

Otro ejemplo

Puedes usar el valor de posición para redondear. Redondea 181,376 a la centena más cercana.

- Encuentra el dígito en el lugar de redondeo.

- Mira el siguiente dígito a su derecha.
  Si es 5 o mayor que 5, suma 1 al dígito de redondeo.
  Si es menor que 5, no modifiques el dígito de redondeo.

- Reemplaza todos los dígitos que se encuentran a la derecha del dígito de redondeo por 0.

181,376

181,400

Dado que 7 > 5, el 3 se convierte en 4.

☆ Práctica guiada

¿Lo entiendes?

1. Explica cómo redondeas un número cuando el dígito a la derecha del lugar de redondeo es 3.

2. ¿Cuál es el número de la mitad entre 421,000 y 422,000?

¿Cómo hacerlo?

Para **3** a **8**, redondea los números al lugar del dígito subrayado.

3. 128,9<u>5</u>5

4. 85,6<u>3</u>9

5. <u>9</u>,924

6. 1<u>9</u>4,524

7. <u>1</u>60,656

8. <u>1</u>49,590

☆ Práctica independiente ☆

Para **9** a **24**, usa una recta numérica o el valor de posición para redondear cada número al lugar del dígito subrayado.

9. 4<u>9</u>3,295

10. <u>3</u>9,230

11. <u>2</u>77,292

12. 54,<u>8</u>46

13. 4,0<u>2</u>8

14. <u>6</u>38,365

15. 453,<u>2</u>80

16. 17,<u>9</u>09

17. <u>9</u>56,000

18. 55,<u>4</u>60

19. 3<u>2</u>1,679

20. 417,5<u>4</u>7

21. 1<u>1</u>7,821

22. <u>7</u>5,254

23. 9<u>4</u>9,999

24. 666,<u>8</u>21

Resolución de problemas

25. Redondea a la centena de millar más cercana la cantidad de visitas a los zoológicos que se muestran en la tabla.

Visitas al zoológico	
Zoológico D :	234,679
Zoológico E :	872,544
Zoológico F :	350,952

26. Sentido numérico Escribe cuatro números que se redondeen a 700,000 cuando se redondean a la centena de millar más cercana.

27. Razonar Un guardabosques redondeó correctamente a 120,000 la cantidad de visitantes a un parque. Escribe un número que represente la cantidad real de visitantes al parque si el guardabosques redondeó a la decena de millar más cercana.

28. Amy contó la cantidad de niños y niñas que había en una fiesta. Anotó los resultados en la siguiente tabla de conteo.

Fiesta	
Niñas :	///
Niños :	/////// //

¿Cuántos más niños que niñas había en la fiesta?

29. Razonamiento de orden superior Liz asistió a clase todos los días desde que empezó el kínder. Dice que fue a la escuela aproximadamente 1,000 días. ¿Qué números pueden expresar la cantidad real de días que asistió a la escuela si redondeó a la decena más cercana?

30. Completa la tabla. Redondea cada número al lugar indicado.

Número	Decena	Centena	Millar	Decena de millar
45,982				
128,073				
13,713				
60,827				
105,307				

Nombre _____

Resuélvelo y coméntalo La siguiente tabla muestra el área territorial de tres estados. Mickey dice que el área territorial de Alaska tiene aproximadamente 10 veces el tamaño del área territorial de Georgia. Explica por qué Mickey tiene o no tiene razón. Construye un argumento matemático para apoyar tu respuesta.

Puedo...
construir argumentos usando lo que sé sobre cómo se relacionan los valores de posición.

También puedo comparar números usando el valor de posición.

DATOS	Estado	Área territorial (en millas cuadradas)
	Alaska	570,641
	Georgia	57,513
	Hawái	6,423

Hábitos de razonamiento

¡Razona correctamente! Estas preguntas te pueden ayudar.

- ¿Cómo puedo usar números, objetos, dibujos o acciones para justificar mi argumento?

- ¿Estoy usando los números, los signos y los símbolos correctamente?

- ¿Es mi explicación clara y completa?

¡Vuelve atrás! **Construir argumentos** Mary dice que el área territorial de Georgia es aproximadamente 10 veces el área territorial de Hawái. ¿Tiene razón? Construye un argumento matemático para apoyar tu respuesta.

Pregunta esencial ¿Cómo se pueden construir argumentos?

A

La tabla muestra las ventas al por menor por persona en tres estados. Isabela dice que Arizona tuvo más ventas que Massachusetts.

DATOS	Estado	Ventas al por menor por persona
	Arizona	$13,637
	Iowa	$13,172
	Massachusetts	$13,533

¿Cómo puedes construir un argumento matemático que apoye la conjetura de Isabela?

Usaré lo que sé sobre el valor de posición para comparar números.

Una conjetura es un enunciado que se considera cierto, pero no ha sido probado.

B

¿Cómo puedo construir argumentos?

Puedo

- dar una explicación que sea clara y completa.
- usar los números, los signos y los símbolos correctamente.
- usar números, objetos, dibujos o acciones para justificar mi argumento.
- usar contraejemplos en mi argumento.

C

Este es mi razonamiento.

El enunciado de Isabela tiene sentido.

Comienza con el mayor valor de posición. Los dígitos en la **posición de las decenas de millar** y en la **posición de los millares** son iguales. Los dígitos en la **posición de las centenas** son diferentes; por tanto, se compara esa posición.

$13,637

$13,533

600 > 500

Por tanto, $13,637 > $13,533.

Isabela tiene razón. Arizona tuvo más ventas al por menor por persona que Massachusetts.

 ¡Convénceme! **Construir argumentos** Gayle dice que Arizona tuvo más ventas al por menor que Massachusetts porque 7 > 3, por tanto, $13,637 > $13,533. Construye un argumento para explicar si Gayle tiene razón.

 **Práctica guiada**

Construir argumentos

Usa la tabla de la página anterior. Jorge dice que
Massachusetts tiene más ventas al por menor que Iowa.

Cuando construyes argumentos, justificas tus conclusiones.

1. ¿Qué números usarías para construir un argumento
   que apoye la conjetura de Jorge?

2. ¿Cómo podrías apoyar la conjetura de Jorge?

3. ¿Es verdadera la conjetura de Jorge? Justifica tu respuesta.

Práctica independiente

Construir argumentos

La población de la ciudad de Gerald es trescientos mil veintisiete. Gerald escribió el número 327,000.
Emily vive en una ciudad que tiene una población de trescientos dieciséis mil cuarenta y dos. Gerald
llegó a la conclusión de que la población de su ciudad es mayor que la de la ciudad de Emily.

4. ¿Tiene sentido la explicación de Gerald? Identifica cualquier defecto en el
   razonamiento de Gerald.

5. Construye un argumento matemático que explique por qué Gerald no
   escribió la población de la ciudad correctamente.

6. Corrige el argumento de Gerald. Explica cómo se pueden comparar las
   poblaciones de las ciudades de Gerald y Emily.

Resolución de problemas

Planetas

Los planetas de nuestro sistema solar tienen tamaños diferentes, como se muestra a continuación. Nora conjeturó que el ecuador de Júpiter mide aproximadamente 10 veces la longitud del ecuador de la Tierra.

Longitud de los ecuadores de 4 planetas

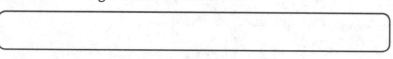

Tierra 40,030 km   Júpiter 439,264 km   Venus 38,025 km   Marte 21,297 km

7. Entender y perseverar ¿Qué información tienes?

8. Hacerlo con precisión ¿Qué estimaciones son posibles para las longitudes del ecuador de Júpiter y de la Tierra?

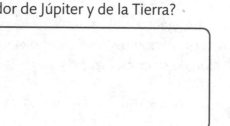

Cuando construyes argumentos, das una explicación clara y completa.

9. Razonar ¿Cuál es la relación entre las estimaciones que hiciste de la longitud de los ecuadores?

10. Construir argumentos Construye un argumento que justifique la conjetura de Nora.

Nombre _____

Trabaja con un compañero. Necesitan papel y lápiz.
Cada uno escoge un color diferente: celeste o azul.

El compañero 1 y el compañero 2 apuntan a uno de
los números de color negro al mismo tiempo. Ambos
multiplican esos números.

Si la respuesta está en el color que escogiste, puedes
anotar una marca de conteo. Sigan la actividad
hasta que uno de lo compañeros tenga doce marcas
de conteo.

Puedo...
multiplicar hasta 100.

También puedo crear
argumentos matemáticos.

Compañero 1

| 6 |
| 9 |
| 8 |
| 5 |
| 7 |

40	28	45	56
24	24	36	20
63	48	63	64
15	42	49	32
54	27	35	21
72	72	18	81

Compañero 2

| 7 |
| 4 |
| 3 |
| 9 |
| 8 |

Marcas de conteo del compañero 1

Marcas de conteo del compañero 2

Repaso del vocabulario

A-Z
Glosario

Lista de palabras

- conjetura
- forma desarrollada
- millones
- período
- redondeo
- símbolo de mayor que (>)
- símbolo de menor que (<)
- valor de posición

Comprender el vocabulario

Escoge el mejor término del recuadro. Escríbelo en el espacio en blanco.

1. Un grupo de tres dígitos, separados por comas, empezando por la derecha se llama _____.

2. El proceso que determina qué número está más cerca de un múltiplo de 10, 100, 1,000, y así sucesivamente, se llama _____.

3. Un enunciado que se considera cierto pero no ha sido probado aún se llama _____.

4. El valor dado al lugar de un dígito en un número se llama _____.

5. En un número, un período de tres lugares a la izquierda del período de los millares se llama período de los _____.

Da un ejemplo y un contraejemplo para los siguientes términos.

	Ejemplo	Contraejemplo
6. símbolo de mayor que (>)	_____	_____
7. símbolo de menor que (<)	_____	_____
8. forma desarrollada	_____	_____

Usar el vocabulario al escribir

9. Describe el valor del 9 en 926,415. Usa por lo menos 2 términos de la Lista de palabras en tu explicación.

Nombre _____

Grupo A páginas 5 a 8 _____

Usa una tabla de valor de posición para escribir 301,400.

Forma desarrollada: 300,000 + 1,000 + 400

Nombre del número: Trescientos un mil cuatrocientos

Recuerda que cada período tiene centenas, decenas, unidades y un nombre.

> Escribe la forma desarrollada y el nombre de cada número.

1. 7,549

2. 92,065

Grupo B páginas 9 a 12 _____

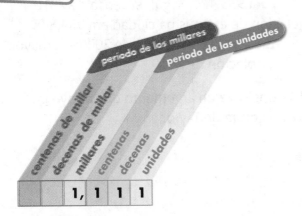

$1,111 = 1,000 + 100 + 10 + 1$

Al moverte hacia la izquierda, cada dígito es 10 veces el valor del dígito a su derecha.

$1 \times 10 = 10$
$10 \times 10 = 100$
$100 \times 10 = 1,000$

Recuerda que debes usar la relación entre los valores de los dígitos.

> Para **1** y **2**, resuelve los problemas.

1. ¿Cuántas veces el valor del 7 en 17,992 es el valor del 7 en 70,048?

2. Violeta tiene 30 baldosas de vidrio. Le gustaría hacer un mosaico en su mesa con 10 veces esa cantidad de baldosas. ¿Cuántas baldosas quiere usar Violeta?

Grupo C páginas 13 a 16 _____

Usa el valor de posición para comparar 45,423 y 44,897. Empieza a comparar desde la izquierda. Busca el primer dígito que sea diferente.

45,423   44,897

$5 > 4$

$5,000 > 4,000$

Por tanto, 45,423 > 44,897.

Recuerda que puedes usar el valor de posición para comparar números.

> Escribe < o > en el ◯.

1. 291,846 ◯ 291,864

2. 662,980 ◯ 66,298

3. 88,645 ◯ 87,645

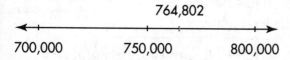

Grupo D páginas 17 a 20

Redondea 764,802 a la centena de millar más cercana.

764,802

<--+-------+-------+-------+-------+-->
700,000   750,000   800,000

764,802 está a la derecha del punto medio. Por tanto, 764,802 se redondea a 800,000.

Recuerda que debes buscar el punto medio como ayuda para redondear.

Para **1** a **4**, usa rectas numéricas o el valor de posición para redondear cada número al lugar del dígito subrayado.

1. 166,742

2. 76,532

3. 5,861

4. 432,041

Grupo E páginas 21 a 24

Piensa en estas preguntas como ayuda para **construir argumentos**.

Hábitos de razonamiento

- ¿Cómo puedo usar números, objetos, dibujos o acciones para justificar mi argumento?

- ¿Estoy usando los números, los signos y los símbolos correctamente?

- ¿Es mi explicación clara y completa?

Recuerda que puedes usar las matemáticas para mostrar por qué tu argumento es correcto.

Según el censo de 2000, la población de una ciudad era 935,426. Según el censo de 2010, la población de esa misma ciudad era 934,578. Taylor dice que la población de 2000 era mayor que la población de 2010.

1. Construye un argumento que apoye la conjetura de Taylor.

2. En 1870, la población era setenta y dos mil quinientos seis. Lupita escribió 72,560. Construye un argumento matemático para explicar si Lupita escribió el número correctamente.

Nombre _____

1. Escoge todos los números que se redondean a 100,000 cuando se redondean a la centena de millar más cercana.

☐ 9,999

☐ 89,006

☐ 109,999

☐ 119,999

☐ 999,999

2. ¿Qué símbolo hace verdadera la comparación? Escribe >, = o < en el ◯.

111,011 ◯ 110,111

| < | > | = |

3. Escribe tres números que se redondean a 40,000 cuando se redondean a la decena de millar más cercana.

4. John escribió los números 678,901 y 67,890. ¿Cuántas veces el valor del 7 en 67,890 es el 7 de 678,901?

Ⓐ 10,000

Ⓑ 1,000

Ⓒ 100

Ⓓ 10

5. Mira los números de la tabla.

375,595

545,150

378,658

¿Qué número tiene un dígito que representa diez veces el valor del dígito a su derecha? Explícalo.

6. Escribe la forma desarrollada y el nombre del número 160,060.

7. A. Para cada número, escribe el número entero que representa el valor del dígito subrayado. Escribe tus respuestas en los recuadros.

15<u>5</u>,349

6<u>5</u>1,907

947,<u>5</u>02

317,0<u>5</u>5

B. Mira tus respuestas en la **Parte A**. ¿En qué número es el valor del dígito subrayado 10 veces el valor del dígito que está a su derecha?

Ⓐ 15<u>5</u>,349   Ⓒ 947,<u>5</u>02

Ⓑ 6<u>5</u>1,907   Ⓓ 317,0<u>5</u>5

---

8. Rhode Island tiene aproximadamente trescientos cincuenta y seis mil acres de bosque. ¿Cuál es la forma estándar del número, redondeado a la decena de millar más cercana?

Ⓐ 350,000   Ⓒ 360,000

Ⓑ 400,000   Ⓓ 356,000

---

9. ¿Cuál de las siguientes comparaciones es correcta?

Ⓐ 65,215 > 65,512

Ⓑ 292,200 < 229,200

Ⓒ 890,242 < 890,224

Ⓓ 101,111 < 111,111

---

10. Escribe <, = o > para completar una comparación verdadera en cada par de números.

72,013 _____ 72,103

87,210 _____ 87,210

126,999 _____ 152,999

400,602 _____ 400,062

147,634 _____ 146,734

11. La tabla muestra el área de cuatro estados.

Estado	Área (millas cuadradas)
Montana	147,042
Kansas	82,278
Oregón	98,381
Wyoming	97,814

A. ¿Cuál de los 4 estados tiene el área más pequeña? ¿Y el área más grande? Escribe el nombre de los números del área de los estados.

B. Dibuja una tabla de valor de posición. Anota el área de Kansas. Explica cómo se relaciona el valor del 2 en la posición de los millares con el valor del 2 en la posición de las centenas.

Nombre _____

Videojuegos

Tanji, Arun y Juanita juegan un videojuego de 3 niveles. La posibilidad de obtener puntos aumenta a medida que avanzas los niveles del juego. Para llevar la cuenta de su progreso, Tanji, Arun y Juanita anotan y analizan sus puntajes en cada nivel.

1. Usa la tabla del **Nivel 1** para responder a las siguientes preguntas.

Parte A

Tanji observó que era el único jugador que tenía el número 3 en el puntaje del Nivel 1. ¿Cuáles son los valores de los 3 en el puntaje de Tanji?

Parte B

Arun observó que los 5 en su puntaje estaban uno al lado del otro. Describe la relación entre los 5 en el puntaje de Arun.

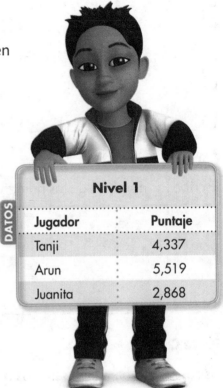

Nivel 1

DATOS

Jugador	Puntaje
Tanji	4,337
Arun	5,519
Juanita	2,868

Parte C

Juanita dice que el valor de uno de los 8 en su puntaje es diez veces el valor del otro 8. Construye un argumento y dibuja una tabla de valor de posición para determinar si Juanita tiene razón.

2. Usa la tabla del **Nivel 2** para responder a las siguientes preguntas.

Nivel 2	
Jugador	**Puntaje**
Tanji	56,899
Arun	39,207
Juanita	60,114

Parte A

Juanita obtuvo el puntaje más alto en el Nivel 2, seguida por Tanji y Arun. Escribe la forma desarrollada de los puntajes de los jugadores para compararlos según su valor de posición.

Parte B

Escribe los nombres de los números de los puntajes de los jugadores.

Parte C

Usa >, = o < para comparar los puntajes del Nivel 2.

Parte D

Arun observó que su puntaje del Nivel 2 tiene un valor mayor que los de Tanji y Juanita en la posición de los millares. Redondea el puntaje de Arun al millar más cercano.

Sumar y restar números enteros de varios dígitos con fluidez

Preguntas esenciales: ¿Cómo se pueden estimar las sumas y diferencias de los números enteros? ¿Cuáles son los procedimientos convencionales para sumar y restar números enteros?

Recursos digitales

 Libro del estudiante

 Aprendizaje visual

 Práctica

 Evaluación

 Herramientas

 Glosario

¡En 1970, un vehículo propulsado por un cohete fue el primero en viajar a más de 1,000 kilómetros por hora!

Mientras más rápido se mueve un objeto, más energía tiene.

¡Eso significa una enorme cantidad de energía! Este es un proyecto sobre la velocidad y sobre comparar velocidades.

Proyecto de enVision STEM: Los vehículos más rápidos del mundo

Investigar Desde 1970, el récord de velocidad se ha roto muchas veces. Usa la Internet u otras fuentes para hallar 5 vehículos que pueden viajar a más de 1,000 kilómetros por hora.

Diario: Escribir un informe Incluye lo que averiguaste. En tu informe, también:

- haz una tabla que explique el tipo de vehículo que es, si se usa sobre tierra, en el agua o en el espacio, y su velocidad.

- usa el valor de posición para hallar el vehículo más rápido y el más lento de tu tabla.

- calcula la diferencia entre las velocidades de dos de los vehículos de tu tabla.

Repasa lo que sabes

🔵 Vocabulario

Escoge el mejor término del recuadro.
Escríbelo en el espacio en blanco.

| • ecuación | • período |
| • estimación | • redondear |

1. Un/Una _____ es un número aproximado o una respuesta aproximada.

2. El proceso que determina a qué múltiplo de 10, 100, 1,000 y así sucesivamente, está más cercano un número se llama _____.

3. Una oración numérica que usa el signo igual (=) para mostrar que dos expresiones tienen el mismo valor es un/una _____.

Operaciones de suma y cálculo mental

Halla las sumas.

4. $4 + 6$

5. $7 + 5$

6. $29 + 8$

7. $14 + 5$

8. $13 + 7$

9. $37 + 7$

10. $289 + 126$

11. $468 + 329$

12. $157 + 211$

Operaciones de resta y cálculo mental

Halla las diferencias.

13. $27 - 3$

14. $6 - 4$

15. $15 - 8$

16. $11 - 8$

17. $66 - 2$

18. $17 - 8$

19. $416 - 404$

20. $220 - 205$

21. $148 - 106$

Redondear

22. Construir argumentos ¿Por qué se redondea 843,000 a 840,000 en lugar de a 850,000 cuando redondeamos al millar más cercano?

> Una buena explicación matemática debe ser clara, completa y fácil de entender.

Nombre _____

PROYECTO 2A

¿Cuáles son las ciudades más grandes del estado donde vives?

Proyecto: Haz un mapa de la población de las ciudades más grandes del estado donde vives

PROYECTO 2B

¿Cómo se convirtieron los Estados Unidos en una nación?

Proyecto: Escribe un informe sobre la expansión de los Estados Unidos

PROYECTO
2C

¿Cómo se comparan los tamaños de los planetas con el de la Tierra?

Proyecto: Haz un modelo del Sistema Solar

PROYECTO
2D

¿Qué tan alto es alto?

Proyecto: Compara las alturas de las montañas

Nombre _____

Resuélvelo y coméntalo

Luke coleccionó 1,034 tarjetas de béisbol, 1,289 tarjetas de fútbol y 1,566 tarjetas de *hockey*. Calcula mentalmente para hallar cuántas tarjetas tiene Luke en su colección. **Resuelve este problema de la manera que prefieras.**

Puedes descomponer los sumandos y calcular mentalmente para hallar la suma. ¡Muestra tu trabajo en el espacio que sigue!

Puedo...
usar propiedades y estrategias para cambiar un problema y así poder sumar y restar usando el cálculo mental.

También puedo crear argumentos matemáticos.

¡Vuelve atrás! **Construir argumentos** ¿Cómo puedes usar el cálculo mental para resolver 1,289 + 1,566? ¿Y 1,034 + 1,566? ¿En qué se diferencia tu razonamiento?

Pregunta esencial **¿Cómo se puede usar el cálculo mental para resolver problemas?**

A

El papá de Katy lava ventanas en el hotel Four Seasons, uno de los edificios más altos de Miami. Trabajó los sábados de octubre y ganó más dinero que en septiembre. ¿Cuánto dinero ganó en los dos meses juntos?

Puedes usar estrategias basadas en propiedades para sumar números mentalmente.

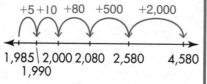

Lavado de ventanas
Ganó $1,985 en septiembre.
Ganó $2,595 en octubre.

Halla $1,985 + $2,595 usando el cálculo mental.

B **Formar diez**

Descompón 1,985 para obtener un número que forme una decena, una centena o un millar cuando se sume con 2,595. Luego, usa la **propiedad asociativa de la suma** para cambiar la agrupación de los sumandos.

$1,985 + 2,595$
$= (1,580 + 405) + 2,595$
$= 1,580 + (405 + 2,595)$
$= 1,580 + 3,000$
$= 4,580$

El papá de Katy ganó $4,580.

C **Sumar hacia adelante**

Puedes descomponer un sumando y sumar hacia adelante.

```
  +5 +10  +80   +500      +2,000
```

1,985 | 2,000 2,080 2,580   4,580
  1,990

Puedes empezar con cualquier sumando por la **propiedad conmutativa de la suma.**

```
  +5 +80 +400   +500    +1,000
```

2,595 | 2,680 3,080 3,580   4,580
  2,600

El papá de Katy ganó $4,580.

D **Usar la compensación**

Suma 15 a 1,985. Luego, resta 15 a 2,595 para compensar. Sumar 15 y restar 15 es lo mismo que sumar cero. Sumar cero no cambia la suma por la **propiedad de identidad de la suma.**

$1,985 + 2,595$
$= (1,985 + 15) + (2,595 - 15)$
$= 2,000 + 2,580$
$= 4,580$

El papá de Katy ganó $4,580.

¡Convénceme! **Usar la estructura** ¿Cómo puedes formar diez descomponiendo 2,595?

Otro ejemplo

Resta 2,595 − 1,985 con el cálculo mental.

Cuenta hacia adelante	**Cuenta hacia atrás**	**Usa la compensación**
Cuenta desde 1,985 hasta 2,595.	Cuenta hasta 1,985 desde 2,595.	Sumar la misma cantidad a los dos números de un problema de resta no cambia la diferencia.

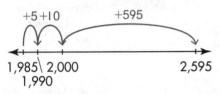

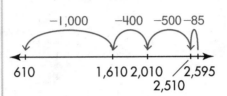

Halla cuánto contaste hacia adelante.

$5 + 10 + 595 = 610$

$(2,595 + 15) - (1,985 + 15)$
$= 2,610 - 2,000$
$= 610$

Práctica guiada

¿Lo entiendes?

1. Explica cómo hallar $2,987 + 4,278$ con el cálculo mental. ¿Qué propiedad se usa con tu estrategia?

¿Cómo hacerlo?

Para **2** a **4**, usa estrategias de cálculo mental.

2. $6,794 - 999$

3. $4,505 + 3,515$

4. $9,100 + 2,130 + 900$

Práctica independiente

Para **5** a **10**, calcula mentalmente.

5. $7,000 - 827$

6. $1,225 + 975$

7. $5,491 - 2,860$

8. $6,686 - 1,443$

9. $8,375 + 31,145$

10. $23,100 + 74,900$

Resolución de problemas

Para **11** y **12**, usa la tabla de la derecha.

11. Precisión ¿Cuánto más grande es el área de California que la de Montana? Explica cómo calculaste mentalmente para resolver.

12. Redondea el área del estado que tiene la menor cantidad de millas cuadradas a la decena de millar más cercana.

Estado	Millas cuadradas de tierra
Alaska	570,641
California	155,779
Montana	145,546
Nuevo México	121,298
Texas	261,232

13. La ciudad de Worman Grove recolectó 28,481 bolígrafos para una colecta de materiales escolares. La meta que se propusieron fue de 30,000 bolígrafos. Muestra cómo se puede contar hacia adelante para hallar cuántos bolígrafos más necesitan para alcanzar su meta.

14. Un grupo de conservacionistas pesa dos elefantes marinos. Un elefante marino adulto pesa 6,600 libras y su cría pesa 3,847 libras. ¿Cuál es su peso combinado? Explica cómo usar el cálculo mental para resolverlo.

15. Razonamiento de orden superior ¿Es la respuesta de Kelly correcta? ¿Qué error cometió?

El trabajo de Kelly

$5,356 + 2,398$

$= (5,356 + 2) + (2,398 + 2)$

$5,358 + 2,400 = 7,758$

Práctica para la evaluación

16. Calcula mentalmente para hallar $1,218 + 1,598$.

Ⓐ 2,716

Ⓑ 2,720

Ⓒ 2,816

Ⓓ 2,820

17. Calcula mentalmente para hallar $5,280 - 1,997$.

Ⓐ 3,177

Ⓑ 3,180

Ⓒ 3,277

Ⓓ 3,283

40 **Tema 2** | Lección 2-1

Nombre _____

Resuélvelo y coméntalo

Una fábrica de Detroit produce tres carros que pesan 6,127 libras, 4,652 libras y 3,393 libras. Si los carros se cargan en un camión, ¿se llega al máximo de carga de 15,000 libras? Usa la estimación para decidir. *Resuelve este problema de la manera que prefieras.*

Puedo...
usar el redondeo y el valor de posición para estimar sumas y diferencias.

También puedo razonar sobre las matemáticas.

Puedes razonar y redondear cada número para estimar el peso total.

¡Vuelve atrás! ¿Por qué puedes resolver el problema usando solamente la estimación en lugar de hallar el peso exacto de los tres carros?

Pregunta esencial ¿Cómo se pueden estimar las sumas y diferencias de los números enteros?

A

La biblioteca pública prestó libros, revistas y películas. ¿Aproximadamente cuántos libros más que el total de revistas y películas se prestaron?

Usa el razonamiento. Haz una estimación para resolver. Puedes redondear al millar más cercano o a la centena más cercana para estimar.

Se prestaron 12,642 libros, 4,298 revistas y 2,149 películas.

B Haz una estimación: Redondea al millar más cercano.

Halla la cantidad total de revistas y películas.

$$
\begin{array}{rcr}
4{,}298 & \longrightarrow & 4{,}000 \\
+\,2{,}149 & \longrightarrow & +\,2{,}000 \\
\hline
 & & 6{,}000
\end{array}
$$

Resta la cantidad de revistas y películas de la cantidad redondeada de libros.

$13{,}000 - 6{,}000 = 7{,}000$

Se prestaron aproximadamente 7,000 libros más.

C Haz una estimación: Redondea a la centena más cercana.

Halla la cantidad total de revistas y películas.

$$
\begin{array}{rcr}
4{,}298 & \longrightarrow & 4{,}300 \\
+\,2{,}149 & \longrightarrow & +\,2{,}100 \\
\hline
 & & 6{,}400
\end{array}
$$

Resta la cantidad de revistas y películas de la cantidad redondeada de libros.

$12{,}600 - 6{,}400 = 6{,}200$

Se prestaron aproximadamente 6,200 libros más.

¡Convénceme! **Construir argumentos** La jefa bibliotecaria dice que puede armar una caja separada para revistas y películas si la diferencia entre la cantidad de libros y la cantidad de los otros materiales combinados es mayor a 6,500. ¿Cuál de las estimaciones anteriores debes usar para ayudarla a tomar una decisión? Explícalo.

Otro ejemplo

Decide si cada cálculo es razonable.

Puedes usar una estimación para decidir si las respuestas exactas son razonables o no.

39,482 + 26,357 = 65,839

39,482 + 26,357 es aproximadamente 40,000 + 26,000 = 66,000.

La suma, 65,839, es razonable, porque está cerca de la estimación, que es 66,000.

8,215 − 5,852 = 3,643

8,215 − 5,852 es aproximadamente 8,000 − 6,000 = 2,000.

La diferencia, 3,643, no es razonable, porque no está cerca de la estimación, que es 2,000.

☆Práctica guiada

¿Lo entiendes?

1. ¿Es 2,793 una diferencia razonable para 6,904 − 4,111? Explícalo.

¿Cómo hacerlo?

Para **2** a **4**, estima la suma o la diferencia.

2.　　5,638 ⟶ ☐,☐00

　　　　+ 3,753 ⟶ ☐,☐00

3.　　63,526　　　　**4.**　　262,262

　　　 + 25,038　　　　　　− 132,147

☆Práctica independiente

Práctica al nivel Para **5** a **13**, estima la suma o la diferencia.

5.　　5,323 ⟶　☐,000

　　　 + 2,611 ⟶ + ☐,000

6.　　542,817 ⟶ ☐☐☐,☐00

　　　 − 27,398 ⟶ − ☐☐,☐00

7.　　49,761 ⟶　☐0,000

　　　 + 59,499 ⟶ + ☐0,000

8.　　4,225

　　　 +　 98

9.　　738,775

　　　 + 272,044

10.　　24,300

　　　　− 10,125

11. 485,635 − 231,957

12. 9,668 − 2,489

13. 368,545 + 114,254

Resolución de problemas

14. La tabla muestra la cantidad de estudiantes de las escuelas del distrito. ¿Es 2,981 razonable para la cantidad total de estudiantes de las escuelas Wilson y Kwane? Explícalo.

Cantidad de estudiantes en el Distrito 37	
Escuela	**Cantidad de estudiantes**
Escuela Wilson	1,523
Academia Hearst	1,471
Escuela Kwane	1,458
Escuela Evers	1,697

15. enVision® STEM Un satélite se mueve a una velocidad aproximada de 27,950 kilómetros por hora. Un satélite en una órbita mayor se mueve a una velocidad de 11,190 kilómetros por hora. ¿Aproximadamente cuánto más rápido que uno de los satélites es el otro? Explica cómo hacer la estimación.

16. Evaluar el razonamiento Elsa dice: "928,674 redondeado al millar más cercano es 930,000". ¿Estás de acuerdo? Explícalo.

17. Razonamiento de orden superior Un equipo de fútbol necesita vender al menos 20,000 boletos para cubrir los gastos de dos partidos. Vende 10,184 para un partido y 9,723 para el otro. Haz una estimación redondeando al millar más cercano y a la centena más cercana. ¿Se vendieron suficientes boletos? Explica tu respuesta.

Práctica para la evaluación

18. La semana pasada, Mallory hizo dos viajes de ida y vuelta en avión. Los viajes fueron de 3,720 millas y 5,985 millas. ¿Cuál es la mejor estimación del total de millas que voló Mallory?

(A) 11,000 millas

(B) 9,700 millas

(C) 8,700 millas

(D) 8,000 millas

19. Estima para decidir cuál es una diferencia razonable.

38,041 − 19,558

(A) 21,374

(B) 20,973

(C) 18,473

(D) 16,483

Nombre _____

Resuélvelo y coméntalo Algunos estudiantes recolectan botellas de agua de plástico vacías para reciclarlas. ¿Cuántas botellas se recolectaron en los dos primeros meses? ¿Cuántas botellas se recolectaron en los tres meses? *Resuelve este problema de la manera que prefieras.*

Puedo...
relacionar conceptos de valor de posición con algoritmos de suma.

También puedo escoger y usar una herramienta matemática para resolver problemas.

Puedes usar herramientas apropiadas, como dibujos o bloques de valor de posición, para ayudarte a sumar.

DATOS	Mes	Botellas de agua
	Septiembre	357
	Octubre	243
	Noviembre	468

¡Vuelve atrás! Cuando sumas, ¿cómo sabes cuándo hay suficientes decenas para formar una centena?

Pregunta esencial ¿Cómo se pueden sumar los números enteros de manera eficiente?

A

La legislatura de la Florida estableció un objetivo de reciclado a nivel estatal. Para ayudar a cumplir el objetivo, los estudiantes de la escuela Kennedy recolectaron periódicos. ¿Cuántas libras de periódico recolectaron en total?

DATOS	Periódicos recolectados	
	Mes	**Libras**
	Marzo	358
	Abril	277

Suma 358 + 277.
Haz una estimación.
350 + 250 = 600

Relaciona sumar sumas parciales con el *algoritmo convencional de suma.*

B **Suma usando sumas parciales.**

$$
\begin{array}{r}
358 \\
+\ 277 \\
\hline
15 \\
120 \\
+\ 500 \\
\hline
635
\end{array}
$$

    8 unidades + 7 unidades
    5 decenas + 7 decenas
    3 centenas + 2 centenas

C **Suma usando el algoritmo convencional.**

Paso 1 Suma las unidades.

$$
\begin{array}{r}
3\overset{1}{5}8 \\
+\ 277 \\
\hline
5
\end{array}
$$

8 unidades + 7 unidades = 15 unidades
Reagrupa: 15 unidades = 1 decena + 5 unidades

Paso 2 Suma las decenas.

$$
\begin{array}{r}
\overset{1\ 1}{3}58 \\
+\ 277 \\
\hline
35
\end{array}
$$

5 decenas + 7 decenas + 1 decena = 13 decenas
Reagrupa: 13 decenas = 1 centena + 3 decenas

Paso 3 Suma las centenas.

$$
\begin{array}{r}
\overset{1\ 1}{3}58 \\
+\ 277 \\
\hline
635
\end{array}
$$

3 centenas + 2 centenas + 1 centena = 6 centenas

Los estudiantes recolectaron 635 libras de periódico.

¡Convénceme! **Usar la estructura** En el problema anterior, cuando sumas las sumas parciales puedes sumar primero las unidades o las centenas. ¿Puedes hacer lo mismo cuando sumas con el algoritmo convencional?

☆Práctica guiada

¿Lo entiendes?

1. Cuando colocas un 1 sobre el valor de las decenas, ¿qué significa?

2. Cuando colocas un 1 sobre el lugar de las centenas, ¿qué significa?

¿Cómo hacerlo?

Halla la suma usando sumas parciales y el algoritmo convencional.

3. 378
      + 557

Halla las sumas usando la estrategia que prefieras.

4a. 678	**b.** 325	**c.** 185
+ 253	+ 256	+ 253

☆Práctica independiente

Para **5** a **16**, halla cada suma.

5. 148
      + 157

6. 389
      + 461

7. 365
      + 458

8. 126
      + 138

9. 371
      + 454

10. 357
       + 498

11. 142 + 178

12. 565 + 694

13. 375 + 548

14. 718 + 865

15. 909 + 624

16. 129 + 587

Resolución de problemas

17. Construir argumentos Harmony resolvió este problema usando el algoritmo convencional, pero cometió un error. ¿Cuál fue su error y cómo puede arreglarlo?

$$\begin{array}{r} \overset{1}{4}37 \\ +\ 175 \\ \hline 5{,}112 \end{array}$$

---

18. Razonamiento de orden superior
¿Para qué problemas usarías una estrategia mental o un algoritmo convencional? Explícalo.

$499 + 121$

$827 + 385$

$175 + 325$

19. Un equipo de las pequeñas ligas de Miami jugó un partido doble, que consta de dos partidos de béisbol el mismo día. El primero duró 155 minutos. El segundo, 175 minutos. Hubo un receso de 30 minutos entre los dos partidos. ¿Cuál fue el tiempo total del partido doble?

Práctica para la evaluación

20. Selecciona todas las sumas que sean correctas.

☐ $742 + 353 = 1{,}095$

☐ $428 + 247 = 665$

☐ $604 + 684 = 1{,}288$

☐ $735 + 298 = 1{,}033$

☐ $912 + 198 = 1{,}010$

21. ¿Cuál es el dígito que falta en la suma?

$$\begin{array}{r} 3\ \square\ 5 \\ +\ 6\ 5\ 9 \\ \hline 1{,}0\ 0\ 4 \end{array}$$

Nombre _____

Resuélvelo y coméntalo

La clase de Érica recolectó 4,219 botellas para el centro de reciclaje. La clase de Ana recolectó 3,742 botellas y la de León recolectó 4,436. ¿Cuántas botellas recolectaron las tres clases? *Resuelve este problema de la manera que prefieras.*

Así como hiciste con números más pequeños, puedes descomponer números más grandes con el valor de posición para ayudarte a sumar. ¡Muestra tu trabajo en el espacio que sigue!

Puedo...
usar el algoritmo convencional y el valor de posición para sumar números de varios dígitos.

También puedo hacer generalizaciones a partir de ejemplos.

¡Vuelve atrás! **Generalizar** ¿Qué propiedades te permiten cambiar el orden y reagrupar los números para sumar? ¿Cómo usaste estas propiedades?

Pregunta esencial **¿Cómo se pueden sumar los números más grandes?**

A

Se está remodelando un estadio deportivo y se planea añadir 19,255 asientos. ¿Cuántos asientos habrá en el estadio remodelado?

20,000 asientos
4,595 asientos de palco

Asientos en el estadio original:
20,000 + 4,595 = 24,595

Puedes usar una variable para representar el valor desconocido. La variable *a* representa la cantidad total de asientos en el estadio remodelado.

Puedes usar un algoritmo, que es una serie de pasos que se siguen para resolver un problema matemático.

a	
24,595	19,255

B **Paso 1**

Usa el algoritmo convencional de suma.

Para sumar 24,595 + 19,255, suma las unidades, luego las decenas, y, finalmente, las centenas. Reagrupa, si es necesario.

$$\begin{array}{r} 24,\overset{1\,1}{5}95 \\ + 19,255 \\ \hline 850 \end{array}$$

C **Paso 2**

Suma los millares y las decenas de millar. Reagrupa, si es necesario.

$$\begin{array}{r} \overset{1}{2}4,\overset{1\,1}{5}95 \\ + 19,255 \\ \hline 43,850 \end{array}$$

a = 43,850

El estadio remodelado tendrá 43,850 asientos.

D **Paso 3**

Haz una estimación para comprobar si tu respuesta es razonable.

$$\begin{array}{r} 24,595 \\ + 19,255 \end{array} \longrightarrow \begin{array}{r} \overset{1}{2}5,000 \\ + 19,000 \\ \hline 44,000 \end{array}$$

43,850 está cerca de la estimación de 44,000; por tanto, la respuesta es razonable.

Puedes sumar dos o más números cuando los ordenas de acuerdo al valor de posición. Debes sumar solo un valor de posición a la vez.

¡Convénceme! **Construir argumentos** Cuando usas el algoritmo convencional para sumar 24,595 + 19,255, ¿cómo reagrupas 1 decena + 9 decenas + 5 decenas?

Otro ejemplo

Halla 30,283 + 63,423 + 6,538.
Explica cómo compruebas que tu respuesta es razonable.

Haz una estimación:
30,000 + 63,000 + 7,000 = 100,000

$$
\begin{array}{r}
\overset{1\;1}{}\overset{1\;1}{}\\
30{,}283 \\
63{,}423 \\
+\;\;\;6{,}538 \\
\hline
100{,}244
\end{array}
$$

La suma es razonable, porque está cerca de la estimación de 100,000.

☆Práctica guiada

¿Lo entiendes?

1. Cuando se suma 36,424 y 24,482, ¿por qué no se reagrupa en el paso final?

2. Un grupo de científicos voluntarios clasifica 7,836 especies de insectos y 4,922 especies de arañas. ¿Cuántas especies clasifica en total?

¿Cómo hacerlo?

Para **3** a **6**, halla las sumas. Comprueba que tus respuestas sean razonables.

3. $\begin{array}{r} 14{,}926 \\ +\;\;3{,}382 \\ \hline \end{array}$

4. $\begin{array}{r} 423{,}156 \\ +\;571{,}607 \\ \hline \end{array}$

5. $\begin{array}{r} 3{,}258 \\ +\;1{,}761 \\ \hline \end{array}$

6. $\begin{array}{r} 82{,}385 \\ +\;49{,}817 \\ \hline \end{array}$

☆Práctica independiente

Para **7** a **16**, halla las sumas. Comprueba que tus respuestas sean razonables.

7. $\begin{array}{r} 14{,}312 \\ +\;\;9{,}617 \\ \hline \end{array}$

8. $\begin{array}{r} 275{,}558 \\ +\;605{,}131 \\ \hline \end{array}$

9. $\begin{array}{r} 38{,}911 \\ +\;45{,}681 \\ \hline \end{array}$

10. $\begin{array}{r} 5{,}801 \\ +\;4{,}189 \\ \hline \end{array}$

11. $\begin{array}{r} 8{,}818 \\ +\;1{,}182 \\ \hline \end{array}$

12. $\begin{array}{r} 5{,}555 \\ +\;7{,}412 \\ \hline \end{array}$

13. $\begin{array}{r} 21{,}009 \\ +\;\;5{,}529 \\ \hline \end{array}$

14. $\begin{array}{r} 30{,}080 \\ +\;19{,}187 \\ \hline \end{array}$

15. 29,634 + 12,958 + 6,835

16. 64,673 + 48,262 + 8,918

Resolución de problemas

17. Aubrey escribe en un *blog*. 29,604 personas leyeron su primera entrada. La semana siguiente, 47,684 personas leyeron su segunda entrada. La tercera entrada del *blog* de Aubrey fue leída por 41,582 personas. ¿Cuál es la cantidad total de lectores?

18. Escribe el número 21,604 en palabras.

19. Razonamiento de orden superior Explica el error que hay en la suma de la derecha. ¿Cuál sería la suma correcta?

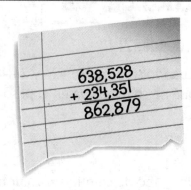

$$\begin{array}{r} 638,528 \\ + \ 234,351 \\ \hline 862,879 \end{array}$$

20. Sentido numérico María sumó 45,273 más 35,687 y obtuvo un total de 70,960. ¿Es razonable su respuesta? Explícalo.

21. Entender y perserverar En un centro de patinaje sobre hielo se alquilaron 130,453 pares de patines. El año siguiente, se alquilaron 108,626 pares de patines, y el año posterior se alquilaron 178,119 pares de patines. ¿Cuántos pares de patines se alquilaron durante los dos años en los que hubo más gente? ¿Cuántos pares de patines se alquilaron en total durante los tres años?

Práctica para la evaluación

22. Selecciona todas las sumas que sean correctas.

- [ ] $5,742 + 8,353 = 14,095$
- [ ] $9,428 + 18,247 = 27,665$
- [ ] $29,604 + 47,684 = 77,288$
- [ ] $66,288 + 145,280 = 211,568$
- [ ] $235,912 + 19,847 = 434,382$

23. Selecciona todas las expresiones que sumen 89,405.

- [ ] $78,487 + 7,998$
- [ ] $79,562 + 9,843$
- [ ] $2,222 + 77,183$
- [ ] $52,514 + 36,891$
- [ ] $6,573 + 82,832$

Nombre _____

Resuélvelo y coméntalo Los padres de Carly son dueños de un motel con 224 habitaciones en Orlando. Anoche, 176 habitaciones fueron alquiladas. ¿Cuántas habitaciones no fueron alquiladas? *Resuelve este problema de la manera que prefieras.*

Puedo... relacionar conceptos del valor de posición para usar el algoritmo de resta convencional.

También puedo buscar patrones para resolver problemas.

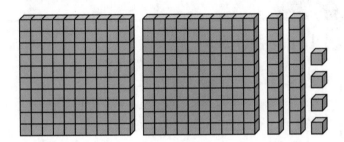

Puedes usar herramientas apropiadas, como bloques de valor de posición, para ayudarte a restar.

¡Vuelve atrás! ¿Cómo puedes usar propiedades para hallar la cantidad de habitaciones que no fueron alquiladas?

Pregunta esencial **¿Cómo se pueden restar los números enteros de manera eficiente?**

A

El cine ya vendió 172 asientos. ¿Cuántos asientos quedan disponibles?

 Aquí hay una forma de anotar una resta, que se llama *algoritmo de resta convencional.*

Resta 358 − 172.

Haz una estimación: 400 − 200 = 200.

Asientos para 358 personas

B **Lo que muestras**

Paso 1 Resta las unidades.

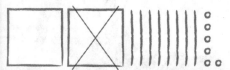

Paso 2 Resta las decenas.

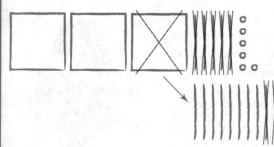

Paso 3 Resta las centenas.

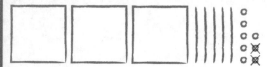

C **Lo que escribes**

Paso 1 Resta las unidades.

$$\begin{array}{r} 358 \\ -\ 172 \\ \hline 6 \end{array}$$ 8 unidades − 2 unidades = 6 unidades

Paso 2 Resta las decenas.

$$\begin{array}{r} {}^{2}\cancel{3}{}^{15}\cancel{5}8 \\ -\ 172 \\ \hline 86 \end{array}$$ Reagrupa: 3 centenas + 5 decenas = 2 centenas + 15 decenas

15 decenas − 7 decenas = 8 decenas

Paso 3 Resta las centenas.

$$\begin{array}{r} {}^{2}\cancel{3}{}^{15}\cancel{5}8 \\ -\ 172 \\ \hline 186 \end{array}$$ 2 centenas − 1 centena = 1 centena

El cine tiene 186 asientos disponibles.

 La diferencia, 186, es razonable, porque está cerca de la estimación, que es 200.

 ¡Convénceme! **Usar la estructura** ¿Cuántas veces debes reagrupar para restar 483 − 295? Explícalo.

---

54 **Tema 2** | Lección 2-5

Nombre _____

☆ Práctica guiada

¿Lo entiendes?

1. Para restar 859 − 583, ¿cómo reagrupas 8 centenas y 5 decenas?

2. ¿Qué debes reagrupar para restar 753 − 489 usando el algoritmo convencional?

¿Cómo hacerlo?

Para **3** a **6**, resta. Haz una estimación para comprobar si tu respuesta es razonable.

3.
$$\begin{array}{r} 154 \\ -\ 89 \\ \hline \end{array}$$

4.
$$\begin{array}{r} 592 \\ -\ 357 \\ \hline \end{array}$$

5.
$$\begin{array}{r} 915 \\ -\ 288 \\ \hline \end{array}$$

6.
$$\begin{array}{r} 743 \\ -\ 694 \\ \hline \end{array}$$

☆ Práctica independiente

Para **7** a **18**, resta. Usa una estimación para comprobar si tu respuesta es razonable.

7.
$$\begin{array}{r} 289 \\ -\ 145 \\ \hline \end{array}$$

8.
$$\begin{array}{r} 326 \\ -\ 184 \\ \hline \end{array}$$

9.
$$\begin{array}{r} 736 \\ -\ 218 \\ \hline \end{array}$$

10.
$$\begin{array}{r} 525 \\ -\ 267 \\ \hline \end{array}$$

11.
$$\begin{array}{r} 683 \\ -\ 295 \\ \hline \end{array}$$

12.
$$\begin{array}{r} 847 \\ -\ 387 \\ \hline \end{array}$$

13.
$$\begin{array}{r} 475 \\ -\ 98 \\ \hline \end{array}$$

14.
$$\begin{array}{r} 826 \\ -\ 184 \\ \hline \end{array}$$

15.
$$\begin{array}{r} 936 \\ -\ 218 \\ \hline \end{array}$$

16. 167 − 79

17. 284 − 167

18. 817 − 548

Resolución de problemas

19. ¿Cuánto más grande que el área del condado Unión es el área del condado Hernando?

20. Entender y perseverar ¿Cuánto más grande que las áreas combinadas de los condados County y Hernando es el área del condado Monroe?

21. La densidad de población se mide en personas por milla cuadrada. Indica qué tan poblada está un área. ¿Cuántas personas por milla cuadrada más que Volusia tiene el condado Brevard?

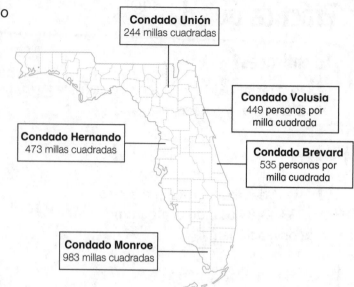

Condado Unión
244 millas cuadradas

Condado Volusia
449 personas por milla cuadrada

Condado Hernando
473 millas cuadradas

Condado Brevard
535 personas por milla cuadrada

Condado Monroe
983 millas cuadradas

---

22. Razonamiento de orden superior ¿Qué error cometió León? ¿Cuál es la diferencia correcta?

León

$$
\begin{array}{r}
\overset{6}{}\,\overset{18}{}\,\overset{13}{} \\
79\cancel{3} \\
-576 \\
\hline
117
\end{array}
$$

---

23. ¿Cuál es la diferencia?

$$
\begin{array}{r}
724 \\
-459 \\
\hline
\end{array}
$$

Ⓐ 1,183

Ⓑ 335

Ⓒ 266

Ⓓ 265

24. ¿Cuál es el dígito que falta en el enunciado de resta?

$$
\begin{array}{r}
6\ 3\ 4 \\
-2\ \square\ 7 \\
\hline
3\ 3\ 7
\end{array}
$$

Nombre _____

Resuélvelo y coméntalo

El estado de Nevada tiene un área de 109,781 millas cuadradas. El estado de Colorado tiene un área de 103,642 millas cuadradas. ¿Cuánto más grande que Colorado es Nevada? **Resuelve este problema de la manera que prefieras.**

Puedo...
usar el algoritmo convencional y el valor de posición para restar números enteros.

También puedo buscar patrones para resolver problemas.

Puedes usar la estructura y descomponer números con el valor de posición para restar. ¡Muestra tu trabajo en el espacio que sigue!

¡Vuelve atrás! Estima la diferencia entre las áreas de los dos estados. ¿Tu respuesta está cerca de la estimación?

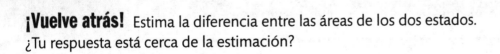

Pregunta esencial: ¿Cómo se pueden restar los números más grandes de manera eficiente?

A

Tres de los parque nacionales más hermosos del país se encuentran en Alaska. ¿Cuánto más grande que la combinación de áreas de los parques Denali y Fiordos de Kenai es el área del parque Puertas del Ártico?

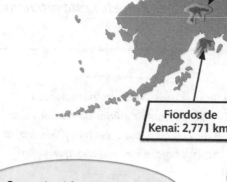

Puertas del Ártico: 34,287 km²

Denali: 19,182 km²

Fiordos de Kenai: 2,771 km²

Halla el área total de los parques Denali y Fiordos de Kenai.

$$
\begin{array}{r}
19{,}182 \\
+\ 2{,}711 \\
\hline
21{,}893
\end{array}
$$
kilómetros cuadrados

Luego, halla la diferencia entre las áreas.

34,287	
21,893	a

Sea *a* la diferencia entre las áreas.

B **Paso 1**

Halla 34,287 − 21,893.

Resta las unidades.
Reagrupa, si es necesario.

$$
\begin{array}{r}
34{,}287 \\
-\ 21{,}893 \\
\hline
4
\end{array}
$$

C **Paso 2**

Resta las decenas, las centenas, los millares y las decenas de millar.
Reagrupa, si es necesario.

$$
\begin{array}{r}
{}^{3\ \ 11 18}\\
3\cancel{4}{,}\cancel{2}87 \\
-\ 21{,}893 \\
\hline
12{,}394
\end{array}
$$

El área del parque Puertas del Ártico es 12,396 kilómetros cuadrados más grande.

D **Paso 3**

Las operaciones que se cancelan entre sí son operaciones inversas. La suma y la resta tienen una relación inversa. Haz una suma para comprobar tu respuesta.

$$
\begin{array}{r}
{}^{1\ \ 1}\\
12{,}394 \\
+\ 21{,}893 \\
\hline
34{,}287
\end{array}
$$

¡Convénceme! **Evaluar el razonamiento** La siguiente operación **NO** es correcta. ¿Qué errores tiene? Muestra cómo se debe hallar la respuesta correcta.

$$
\begin{array}{r}
{}^{14}\\
4{,}2\cancel{4}8 \\
-\ 2{,}764 \\
\hline
2{,}584
\end{array}
$$

---

58 **Tema 2** | Lección 2-6

Otro ejemplo

Halla 38,792 − 33,215.

$$\begin{array}{r} {}^{8\ 12}\\ 38,79\cancel{2}\\ -\ 33,215\\ \hline 5,577 \end{array}$$

Haz una estimación:
39,000 − 33,000 = 6,000

Puedes usar la estimación para comprobar si tu respuesta es razonable.

⭐ Práctica guiada

¿Lo entiendes?

1. En el problema de resta anterior, ¿por qué no se escribió el cero del lugar de las decenas de millar en la respuesta?

2. El área total de terreno que ocupa Nueva Jersey es 19,047 kilómetros cuadrados. Escribe y resuelve una ecuación que muestre cómo se puede hallar cuánto más grande que el estado de Nueva Jersey es el parque Puertas del Ártico.

¿Cómo hacerlo?

Para **3** a **6**, resta. Haz una estimación para comprobar si tus respuestas son razonables.

3. 139,484 − 116,691

4. 2,164 − 1,398

5. 49,735 − 25,276

6. 281,311 − 3,427

⭐ Práctica independiente ⭐

Para **7** a **14**, resta. Haz una estimación para comprobar si tus respuestas son razonables.

7. $\begin{array}{r} 82,376 \\ -\ 47,294 \\ \hline \end{array}$

8. $\begin{array}{r} 653,642 \\ -\ 562,410 \\ \hline \end{array}$

9. $\begin{array}{r} 9,128 \\ -\ 3,753 \\ \hline \end{array}$

10. $\begin{array}{r} 42,648 \\ -\ 8,169 \\ \hline \end{array}$

11. $\begin{array}{r} 425,637 \\ -\ 86,942 \\ \hline \end{array}$

12. $\begin{array}{r} 8,457 \\ -\ 1,946 \\ \hline \end{array}$

13. $\begin{array}{r} 215,714 \\ -\ 176,313 \\ \hline \end{array}$

14. $\begin{array}{r} 85,968 \\ -\ 74,084 \\ \hline \end{array}$

Resolución de problemas

15. Razonar Una empresa de crayones fabrica 87,491 crayones azules, 36,262 crayones rojos y 25,063 crayones grises. ¿Cuántos crayones azules más que el total de crayones rojos y grises fabrica la empresa?

16. Sentido numérico Patrick restó 4,832 – 2,322 y obtuvo 2,510. ¿Es razonable esa diferencia? Explícalo.

17. Razonamiento de orden superior Nadia halló 9,476 – 8,185 usando el algoritmo que se muestra. Muestra cómo hallar 1,784 – 1,339 con el algoritmo de Nadia.

$9,476 - 8,185 = 1,000 + 300 - 10 + 1$
$= 1,291$

18. ¿Cuántas personas más que el total de las que fueron en 2017 y 2018 asistieron a la feria en 2019?

Asistencia a la feria de la calle	
2017	81,129
2018	112,172
2019	362,839

DATOS

19. El lunes, un grupo de montañistas descendió 3,499 pies desde la cima del monte Kilimanjaro. El martes, descendió otros 5,262 pies. ¿Cuántos pies en total descendieron los montañistas en dos días? ¿Cuántos pies más les quedan por descender para llegar al pie del monte?

El monte Kilimanjaro mide 19,341 pies de altura.

Práctica para la evaluación

20. ¿Cuál es el dígito que falta en el enunciado de resta?

| 2 | 6 | 8 | 9 |

$365,928 - 17\square,259 = 187,669$

21. ¿Cuál es la diferencia de 62,179 – 31,211?

Ⓐ 31,968

Ⓑ 30,986

Ⓒ 30,968

Ⓓ 30,000

Nombre _____

Resuélvelo y coméntalo La ciudad de Londres, Inglaterra, está a 15,710 kilómetros del polo sur. Tokio, Japón, está a 13,953 kilómetros del polo sur. ¿Cuánto más lejos que Tokio está Londres del polo sur? *Resuelve este problema de la manera que prefieras.*

Puedo...
usar el algoritmo convencional para restar de números que tienen ceros.

También puedo razonar sobre las matemáticas.

Puedes razonar para identificar la operación que debes usar para comparar dos distancias. ¡Muestra tu trabajo en el espacio que sigue!

¡Vuelve atrás! Explica cómo decidiste qué operación usar para hallar cuánto más lejos que Tokio está Londres del polo sur.

Pregunta esencial ¿Cómo se puede restar con ceros?

A

Un auditorio de música dará un concierto. El auditorio tiene 4,678 boletos para la presentación. ¿Cuántos boletos quedan por vender?

> Cuando restas de un número con ceros, puedes necesitar reagrupar algunos lugares antes de restar.

> Sea b la cantidad total de boletos disponibles.

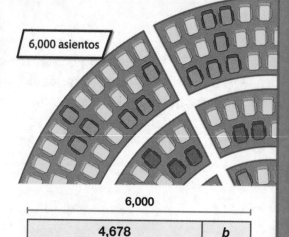

6,000 asientos

6,000	
4,678	b

$b = 6,000 - 4,678$.

Haz una estimacion: $6,000 - 4,700 = 1,300$.

B Reagrupa.

$$\begin{array}{r} 6,000 \\ -\ 4,678 \end{array}$$
Debido a los ceros, tienes que empezar a reagrupar desde los millares.

$$\begin{array}{r} \overset{5\ \ 10}{\cancel{6},\cancel{0}00} \\ -\ 4,678 \end{array}$$
6 millares = 5 millares + 10 centenas

$$\begin{array}{r} \overset{5\ \ 9\ 10}{\cancel{6},\cancel{0}\cancel{0}0} \\ -\ 4,678 \end{array}$$
10 centenas = 9 centenas + 10 decenas

$$\begin{array}{r} \overset{5\ \ 9\ 9\ 10}{\cancel{6},\cancel{0}\cancel{0}\cancel{0}} \\ -\ 4,678 \end{array}$$
10 decenas = 9 decenas + 10 unidades

C Resta.

$$\begin{array}{r} \overset{5\ \ 9\ 9\ 10}{\cancel{6},\cancel{0}\cancel{0}\cancel{0}} \\ -\ 4,678 \\ \hline 1,322 \end{array}$$

$10 - 8 = 2$ unidades

$90 - 70 = 20 = 2$ decenas

$900 - 600 = 300$
$= 3$ centenas

$5,000 - 4,000 = 1,000$
$= 1$ millar

Dado que la diferencia 1,322 está cerca de la estimación 1,300, la diferencia es razonable.

Quedan 1,322 boletos para el concierto.

¡Convénceme! **Usar la estructura** ¿Cómo reagruparías si el auditorio tuviese 5,900 asientos?

☆ Práctica guiada

¿Lo entiendes?

1. Lisa usó la compensación para resolver el problema de la página anterior. Restó
$(6,000 - 1) - (4,678 - 1)$
$= 5,999 - 4,677$
$= 1,322.$ ¿Cómo puedes usar el enfoque de Lisa para restar $5,000 - 1,476$?

2. Un pasajero voló desde Oslo hasta Lima. El vuelo fue de 11,033 kilómetros. Otro pasajero voló de Oslo a Los Ángeles, en un vuelo de 8,593 kilómetros. ¿De cuántos kilómetros más fue el vuelo hasta Lima?

¿Cómo hacerlo?

Para **3** a **8**, resta.

3.
$$\begin{array}{r} 6,000 \\ -\ 1,773 \\ \hline \end{array}$$

4.
$$\begin{array}{r} 231,086 \\ -\ 172,863 \\ \hline \end{array}$$

5.
$$\begin{array}{r} 76,810 \\ -\ 22,645 \\ \hline \end{array}$$

6.
$$\begin{array}{r} 90,304 \\ -\ 51,137 \\ \hline \end{array}$$

7. $101,001 - 8,915$

8. $9,050 - 3,461$

☆ Práctica independiente

Para **9** a **23**, resta.

Haz un estimación para comprobar si tu respuesta es razonable.

9.
$$\begin{array}{r} 1,902 \\ -\ 1,374 \\ \hline \end{array}$$

10.
$$\begin{array}{r} 6,502 \\ -\ 5,380 \\ \hline \end{array}$$

11.
$$\begin{array}{r} 63,000 \\ -\ 48,673 \\ \hline \end{array}$$

12.
$$\begin{array}{r} 84,010 \\ -\ 3,992 \\ \hline \end{array}$$

13.
$$\begin{array}{r} 2,025 \\ -\ 1,540 \\ \hline \end{array}$$

14.
$$\begin{array}{r} 31,030 \\ -\ 27,426 \\ \hline \end{array}$$

15.
$$\begin{array}{r} 50,469 \\ -\ 22,917 \\ \hline \end{array}$$

16.
$$\begin{array}{r} 1,830 \\ -\ 644 \\ \hline \end{array}$$

17.
$$\begin{array}{r} 7,203 \\ -\ 847 \\ \hline \end{array}$$

18.
$$\begin{array}{r} 726,003 \\ -\ 282,942 \\ \hline \end{array}$$

19.
$$\begin{array}{r} 4,707 \\ -\ 2,016 \\ \hline \end{array}$$

20.
$$\begin{array}{r} 30,900 \\ -\ 22,855 \\ \hline \end{array}$$

21. $6,090 - 5,130$

22. $11,246 - 9,489$

23. $790,008 - 643,829$

Resolución de problemas

24. Construir argumentos ¿Será la diferencia entre 44,041 y 43,876 mayor o menor que 1,000? Explícalo.

25. (A-Z) **Vocabulario** Define lo que es una *variable* y da un ejemplo de cómo se usa una variable en una ecuación.

Para **26** y **27**, usa la tabla de la derecha.

26. ¿Cuántas descargas de *hip-hop* más que de música *country* se vendieron?

27. Razonamiento de orden superior
¿Cuántas descargas de música *hip-hop* y latina más que de música rock y *country* se vendieron? Explícalo.

Ventas de Ciudad Musical	
Estilo de música	Descargas vendidas
Rock	4,007
Hip-hop	7,097
Country	5,063
Latina	6,203

DATOS

☑ Práctica para la evaluación

28. Selecciona todas las diferencias correctas.

☐ $5,000 - 1,856 = 3,244$

☐ $10,700 - 8,243 = 2,457$

☐ $64,002 - 43,178 = 20,934$

☐ $98,000 - 59,214 = 38,786$

☐ $600,482 - 428,531 = 171,951$

29. Halla la diferencia.

$$\begin{array}{r} 60,000 \\ - 38,243 \\ \hline \end{array}$$

Ⓐ 17,355

Ⓑ 20,757

Ⓒ 21,757

Ⓓ 98,243

Nombre _____

Resuélvelo y coméntalo   Un grupo de estudiantes recogió donaciones para una colecta de juguetes. Recolectaron un total de 3,288 juguetes en una semana y 1,022 durante la siguiente. Donaron 1,560 juguetes a la Caridad de Coal City y el resto a la Caridad de Hartville. ¿Cuántos juguetes se donaron a la Caridad de Hartville? Razona sobre los números para mostrar y explicar cómo se relacionan las dos cantidades de juguetes donados.

Puedo...
entender las cantidades y sus relaciones en el contexto de un problema.

También puedo resolver problemas de varios pasos.

Hábitos de razonamiento

¡Razona correctamente! Estas preguntas te pueden ayudar.

- ¿Qué significan los números, signos y símbolos del problema?

- ¿Cómo se relacionan los números o cantidades?

- ¿Cómo puedo representar un problema verbal usando dibujos, números o ecuaciones?

¡Vuelve atrás! **Razonar** Durante tres semanas, los estudiantes recolectaron un total de 8,169 juguetes. ¿Cuántos juguetes recolectaron en la tercera semana? Completa el diagrama de barras para mostrar tu razonamiento. ¿Recolectaron más juguetes en la tercera semana que durante las dos primeras semanas combinadas? Explícalo.

Pregunta esencial ¿Cómo se puede usar el razonamiento cuantitativo para resolver problemas?

Puente de aprendizaje visual

A

Kara y Carl se unen a su madre en un barco frente a la costa de los Cayos de Florida. Su madre es científica y estudia los peces marlines azules. Cada uno ayuda a su madre a pesar dos marlines. ¿Cuánto más que los marlines de Carl pesaron los marlines de Kara?

¿Cómo te puede ayudar dibujar un diagrama a entender cómo se relacionan los números del problema?

Puedo representar las relaciones entre los números usando un diagrama de barras.

Este es mi razonamiento.

DATOS	Marlines de Kara	Marlines de Carl
	948 libras	895 libras
	1,219 libras	973 libras

B ¿Cómo puedo **razonar** para resolver este problema?

Puedo

- identificar las cantidades que conozco.

- dibujar diagramas y escribir escuaciones para mostrar las relaciones.

- relacionar la solución con el problema de la vida real.

C K = el peso total de los marlines de Kara y C = el peso total de los marlines de Carl.

K	
948 lb	1,219 lb

$K = 948 + 1,219$
$K = 2,167$

C	
895 lb	973 lb

$C = 895 + 973$
$C = 1,868$

d = la diferencia
$d = 2,167 - 1,868$
$d = 299$

$K = 2,167$	
$C = 1,868$	d

Los marlines de Kara pesaron 299 libras más que los de Carl.

¡Convénceme! **Razonar** Escribe un problema que se pueda resolver usando el siguiente diagrama de barras. Escribe una ecuación para resolverlo. Razona para entender el significado de cada número antes de comenzar.

16,792	
2,550	c

Nombre _____

☆Práctica guiada

Razonar

Un fabricante envió 12,875 *fidget spinners* y vendió 9,843 de ellos. La semana siguiente, envió 19,175 y vendió 12,752 de ellos. ¿Cuántos *fidget spinners* quedan para vender?

> Cuando razonas, usas diagramas, números y ecuaciones para mostrar las relaciones que existen.

1. ¿Qué cantidades se dan en el problema y qué significan esos números?

2. Usa los diagramas de barras que muestran las relaciones que hay entre los números del problema. Escribe y resuelve ecuaciones que se podrían usar para hallar *p*, la cantidad de *spinners* que no se vendieron la primera semana; *s*, la cantidad de *spinners* que no se vendieron la segunda semana y *t*, el total de *spinners* que no se vendieron.

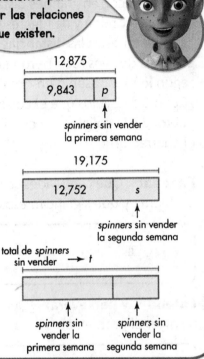

☆Práctica independiente☆

Razonar

Se está construyendo un monumento con 16,351 piedras. Los albañiles ya han usado 8,361 piedras y les quedan 7,944 piedras por usar. ¿Cuántas piedras más necesitan? Usa los Ejercicios 3 a 5 para responder a la pregunta.

3. ¿Qué cantidades se dan en el problema y qué significan esos números?

4. Completa el diagrama de barras para mostrar cómo hallar *p*, la cantidad total de piedras que tienen los albañiles. Luego, escribe y resuelve la ecuación. ¿Tienen suficientes piedras? Explícalo.

5. Completa el diagrama para mostrar cómo hallar la diferencia, *d*, es decir, cuántas piedras más necesitan los albañiles. Luego, escribe y resuelve una ecuación.

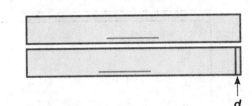

Resolución de problemas

Migraciones de aves

La ornitología es la ciencia que estudia las aves. Todos los años, muchas aves migran, es decir, recorren grandes distancias en busca de comida y de lugares para anidar. La tabla muestra las distancias que cinco especies de aves recorrieron en un año, según lo que observó un ornitólogo. ¿Cuánto más lejos que el correlimos pectoral y la collalba pía combinados voló el charrán ártico?

Distancias recorridas por las aves	
Especie	**Distancia en millas**
Pardela sombría	39,481
Collalba pía	11,184
Charrán ártico	44,819
Pardela de Tasmania	26,636
Correlimos pectoral	18,247

6. Razonar ¿Qué cantidades se dan en el problema y qué significan esos números?

7. Entender y perseverar ¿Qué estrategia puedes usar para resolver el problema?

> Las preguntas escondidas son preguntas que deben responderse antes de responder a la pregunta principal que se plantea en el problema.

8. Entender y perseverar ¿Cuál es la pregunta escondida?

9. Representar con modelos matemáticos Completa los diagramas de barras para mostrar cómo hallar las respuestas a la pregunta escondida y a la pregunta principal. Escribe y resuelve ecuaciones.

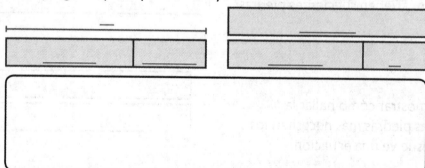

Nombre _____

Sombrea el camino desde la **SALIDA** hasta la **META**. Sigue las sumas que son correctas. Solo te puedes mover hacia arriba, hacia abajo, hacia la derecha o hacia la izquierda.

Puedo...

sumar números enteros de varios dígitos.

También puedo hacer mi trabajo con precisión.

Salida				
213 + 675 888	264 + 632 896	887 + 112 999	124 + 345 461	414 + 111 515
810 + 172 762	212 + 486 678	511 + 228 739	245 + 322 667	613 + 282 891
454 + 545 919	187 + 412 499	676 + 322 998	101 + 116 218	454 + 432 876
409 + 390 697	340 + 340 620	124 + 65 189	911 + 64 975	674 + 115 789
374 + 613 978	318 + 121 429	177 + 311 478	612 + 317 939	678 + 321 999

Meta

Repaso del vocabulario

Glosario

Lista de palabras

- algoritmo
- compensación
- contar hacia adelante
- operaciones inversas
- propiedad asociativa de la suma
- propiedad conmutativa de la suma
- propiedad de identidad de la suma
- variable

Comprender el vocabulario

1. Encierra en un círculo la propiedad de la suma que está representada en $126 + 0 = 126$.

Asociativa   Conmutativa   Identidad

2. Encierra en un círculo la propiedad de la suma que está representada en $21 + 34 = 34 + 21$.

Asociativa   Conmutativa   Identidad

3. Encierra en un círculo la propiedad de la suma que está representada en $(1 + 3) + 7 = 1 + (3 + 7)$.

Asociativa   Conmutativa   Identidad

4. Traza una línea entre cada término y el ejemplo relacionado.

algoritmo	$4 + 2 = 6 \rightarrow 6 - 2 = 4$
compensación	$435 - 199 = (435 + 1) - (199 + 1)$
contar hacia adelante	Paso 1: Suma las unidades. Paso 2: Suma las decenas.
operaciones inversas	$x = 7$
variable	$326 + 103$: $326 + 3 = 329$, $329 + 100 = 429$

Usar el vocabulario al escribir

5. Rob halló el resultado de $103 + 1{,}875 = x$ usando el cálculo mental. Usa al menos 3 términos de la Lista de palabras para describir la manera en que Rob halló la suma.

Grupo A | páginas 37 a 40 _____

Halla 3,371 + 2,429. Usa el cálculo mental.

Forma diez.

$$3,371 + 2,429 = 3,371 + (29 + 2,400)$$
$$= (3,371 + 29) + 2,400$$
$$= 3,400 + 2,400 = 5,800$$

Por tanto, 3,371 + 2,429 = 5,800.

Recuerda que debes modificar la suma o la diferencia ajustar usas la estrategia de compensación.

1. 4,153 + 2,988

2. 92,425 + 31,675

3. 5,342 + 1,999

4. 22,283 − 14,169

5. 47,676 − 16,521

6. 1,089 − 961

Grupo B | páginas 41 a 44 _____

Estima la suma redondeando los números a la decena de millar más cercana.

$$241,485$$
$$+ 429,693$$

241,485 se redondea a 240,000.

429,693 se redondea a 430,000.

Suma.
$$240,000$$
$$+ 430,000$$
$$670,000$$

Recuerda que puedes redondear números a cualquiera de sus lugares cuando estimas sumas y diferencias.

Estima las sumas o diferencias.

1. 652,198 + 49,753

2. 8,352 − 3,421

3. 17,586 − 9,483

4. 823,725 + 44,851

5. 1,440 − 933

6. 55,748 − 28,392

7. 4,981 + 6,193

8. 995,275 + 4,921

Grupo C | páginas 45 a 52 _____

Halla 72,438 + 6,854.

Haz una estimación: 72,000 + 7,000 = 79,000.

Suma las unidades. Reagrupa, si es necesario.

$$\overset{1}{7}2,438$$
$$+ \ 6,854$$
$$\overline{2}$$

Suma los demás lugares, reagrupando cuando sea necesario.

$$\overset{1\ \ 1}{7}2,438$$
$$+ \ 6,854$$
$$\overline{79,292}$$

La respuesta, 79,292, está cerca de la estimación de 79,000; por tanto, la respuesta es razonable.

Recuerda que debes reagrupar, si es necesario, cuando sumas números enteros.

1. $32,834$
  $+ 17,384$

2. $148,382$
  $+ \ \ 9,243$

3. 215 + 8,823

4. 142,968 + 44,456

5. 2,417 + 3,573

6. 572,941 + 181,662

Grupo D páginas 53 a 60

Halla 52,839 − 38,796.

Haz una estimación: 53,000 − 39,000 = 14,000.

Resta las unidades. Reagrupa, si es necesario.

Resta los demás lugares, reagrupando cuando sea necesario.

52,839
− 38,796
─────────
3

4 12 7 13
5̸2̸,8̸3̸9
− 3 8 , 7 9 6
──────────
1 4 , 0 4 3

La respuesta es razonable.

Recuerda que quizá necesites reagrupar para restar.

1. 651,784
  − 482,638

2. 18,465
  − 6,291

3. 41,542 − 32,411

4. 4,978 − 2,766

5. 735,184 − 255,863

6. 44,558 − 22,613

Grupo E páginas 61 a 64

Halla 60,904 − 54,832.

Haz una estimación: 61,000 − 55,000 = 6,000.

Resta las unidades. Reagrupa, si es necesario.

Resta los demás lugares, reagrupando cuando sea necesario.

60,904
− 54,832
─────────
2

5 10 8 10
6̸0̸,9̸0̸4
− 5 4 , 8 3 2
──────────
6 , 0 7 2

La respuesta es razonable.

Recuerda que tal vez debas reagrupar más de un lugar al momento de restar con ceros.

1. 40,700
  − 23,984

2. 203,056
  −   5,213

3. 70,000 − 25,228

4. 560,043 − 312,562

5. 8,052 − 1,205

6. 20,008 − 16,074

Grupo F páginas 65 a 68

Piensa en tus respuestas a estas preguntas para ayudarte a **razonar de manera abstracta y cuantitativa.**

Hábitos de razonamiento

- ¿Qué significan los números, signos y símbolos del problema?

- ¿Cómo están relacionados los números o las cantidades?

- ¿Cómo puedo representar un problema verbal usando dibujos, números o ecuaciones?

Recuerda que puedes crear un diagrama de barras para ayudarte a razonar sobre el problema.

Raahil recorrió 11,469 kilómetros desde su casa hasta Qatar, para visitar a su mamá. Luego tuvo que viajar 12,332 kilómetros más hasta Brisbane, Australia, para visitar a la familia de su papá.

1. Dibuja un diagrama de barras que muestre la distancia que Raahil recorrió para ir a Brisbane.

2. Escribe y resuelve una ecuación para tu diagrama de barras.

Nombre _____

1. La tabla muestra la cantidad de *hot dogs* que se vendieron en un carrito de *hot dogs* este fin de semana.

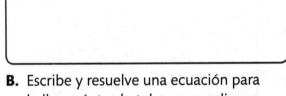

Hot dogs que se vendieron	
Viernes	3,825
Sábado	1,297
Domingo	4,175

A. Estima la cantidad de *hot dogs* que se vendieron redondeando los números de la tabla al millar más cercano y hallando la suma.

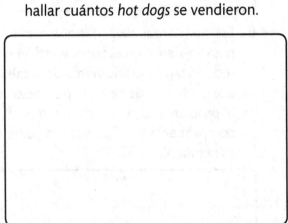

B. Escribe y resuelve una ecuación para hallar cuántos *hot dogs* se vendieron.

2. Halla 8,000 − 6,280.

3. Escribe los dígitos que faltan para completar la resta.

$$
\begin{array}{r}
1\,0,1\,4\,6 \\
-\quad 6,4\,5\,2 \\
\hline
\square 6 \square 4
\end{array}
$$

4. Halla la diferencia.

$$
\begin{array}{r}
6,5\,7\,2 \\
-\quad 2\,3\,9 \\
\hline
\end{array}
$$

Ⓐ 6,811

Ⓑ 6,351

Ⓒ 6,333

Ⓓ 6,331

5. Completa la ecuación para hacerla verdadera. Escribe tu respuesta en el recuadro.

$12{,}769 + 16{,}065 = \boxed{} + 15{,}402$

6. Halla la diferencia. Luego, usa la resta para comprobar tu trabajo.

$$\begin{array}{r} 2\,4,4\,2\,1 \\ -\,1\,5,0\,2\,9 \\ \hline \end{array}$$

7. ¿Cuál de los siguientes enunciados es verdadero? Selecciona todos los que apliquen.

☐ $12,395 + 14,609 = 27,004$

☐ $76,237 - 4,657 = 42,430$

☐ $67,407 - 38,227 = 29,180$

☐ $69,844 + 1,014 = 70,452$

☐ $34,980 - 1,999 = 32,981$

8. Halla la suma.

$$\begin{array}{r} 8,7\,2\,3 \\ 2,8\,4\,9 \\ +\,6,4\,1\,9 \\ \hline \end{array}$$

9. Sandra usó las propiedades de la suma para volver a escribir la siguiente ecuación. Selecciona todas las ecuaciones que Sandra pudo haber escrito.

$$1,450 + 1,125 + 1,050 = n$$

☐ $(1,400 + 1,100 + 1,000) + (50 + 25 + 50) = n$

☐ $1,450 + 1,050 = n$

☐ $1,125 + 1,050 + 1,450 = n$

☐ $1,000 + 1,000 + 1,000 + 450 + 50 + 125 = n$

☐ $(1,450 + 1,050) + 1,125 = n$

10. Joe y Sara anotaron la cantidad de aves que vieron en el parque durante dos veranos.

Aves en el parque		
Año	**Pinzones**	**Palomas**
El año pasado	1,219	4,620
Este año	1,906	4,287

A. Escribe y resuelve ecuaciones para hallar cuántas aves más que el año pasado vieron Joe y Sara este año.

B. Estima cuántas aves más que el año pasado vieron en el parque este año redondeando los números de la tabla a la centena más cercana para resolver el problema. Usa la estimación para comprobar si tu respuesta a la parte A es razonable.

Nombre _____

Hacer un inventario

Jiao administra una tienda de artículos de arte que se venden al por mayor. Recibe pedidos de productos a granel de tiendas de artesanías y pasatiempos.

1. Usa la tabla de **Cuentas de madera** para responder a las preguntas.

Parte A

La tienda Artesanías y Más hizo un pedido de cuentas de roble y de ébano. Explica cómo puedes calcular mentalmente y usar las propiedades de la suma para hallar cuántas cuentas tuvo que enviar Jiao.

Cuentas de madera	
Roble	4,525
Arce	6,950
Fresno	3,720
Ébano	2,475
Tíndalo	1,250

Parte B

Jiao envía un pedido de cuentas de roble y de tíndalo a la tienda Artesanías Jill y otro pedido de cuentas de fresno y de ébano a la tienda Creaciones. ¿Cuánto mayor es el pedido de la tienda Creaciones? Escribe y resuelve ecuaciones para hallar j, la cantidad de cuentas de la orden de Artesanías Jill; c, la cantidad de cuentas de Creaciones; y d, la diferencia.

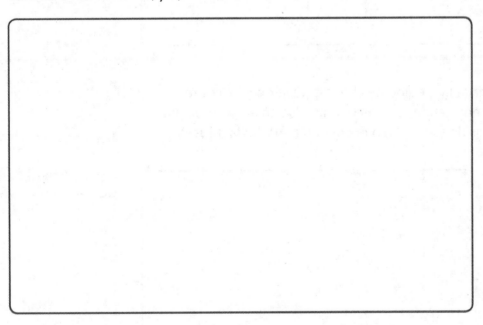

2. Usa la tabla de **Cuentas de cristal** para responder a las preguntas.

Parte A

Escribe y resuelve una ecuación para mostrar cuántas cuentas de cristal, c, tendrá la tienda Creaciones si pide las cuentas ahumadas y con burbujas.

Cuentas de cristal	
Ahumadas	25,236
Con burbujas	41,828
De colores	32,991
Facetadas	47,312

Parte B

Jiao envía las cuentas facetadas y de colores a la tienda Artesanías Hogar. Explica cómo se puede usar la compensación para hallar cuántas cuentas facetadas más que cuentas de colores se enviaron.

3. Usa la tabla de **Cuentas de metal** para responder las preguntas.

Parte A

Escribe y resuelve una ecuación para mostrar cuántas cuentas, c, más que en un pedido de platino hay en uno de cuentas de oro.

Cuentas de metal	
Oro	14,960
Plata	8,147
Platino	6,488
Latón	30,019
Cobre	20,605

Parte B

La tienda Artelogía hace un pedido de cuentas de latón y de cobre. Cuando llegan, la tienda vende 29,735 cuentas. Usa un algoritmo para hallar cuántas cuentas de este pedido le quedan a Artelogía. Muestra tus cálculos.

Usar estrategias y propiedades para multiplicar por números de 1 dígito

Preguntas esenciales: ¿Cómo se multiplica por múltiplos de 10, 100 y 1,000? ¿Cómo se multiplican números enteros?

Recursos digitales

Libro del estudiante Aprendizaje visual Práctica

Evaluación Herramientas Glosario

Los mapas que muestran las características naturales del paisaje de la Tierra se llaman mapas topográficos. Las montañas, llanuras y océanos son algunas de las características que se muestran en estos mapas.

¿Sabías que Pikes Peak es la montaña más visitada en América del Norte?

¡Deberíamos ir! Hasta entonces, este es un proyecto sobre mapas y multiplicación.

Proyecto de enVision STEM: Mapas y matemáticas

Investigar Usa la Internet u otras fuentes para hallar información sobre tres características de la Tierra, como montañas y océanos, en un mapa topográfico. Escribe dos datos sobre cada una de las características que investigaste.

Diario: Escribir un informe Incluye lo que averiguaste. En tu informe, también:

- anota la altura y la profundidad de las características que investigaste.

- haz una estimación para hallar 10 veces las alturas y profundidades de las características que investigaste.

☆Repasa lo que sabes☆

ⒶⓏ Vocabulario

Escoge el mejor término del recuadro.
Escríbelo en el espacio en blanco.

| • compensación | • operaciones inversas |
| • descomposición | • productos parciales |

1. La multiplicación y la división son

_____.

2. El método de cálculo mental que consiste en volver a escribir un número
como la suma de otros números para crear una operación más sencilla
se llama _____.

3. Escoger números cercanos a los números de una operación para que el
cálculo sea más fácil de resolver y, luego, ajustar la respuesta se llama

_____.

Multiplicación

Halla los productos.

4. 6×2

5. 8×9

6. 6×5

7. 7×8

8. 4×8

9. 3×7

Redondeo

Redondea los números a la decena más cercana.

10. 16

11. 82

12. 35

13. 53

14. 24

15. 49

Redondea los números a la centena más cercana.

16. 868

17. 499

18. 625

19. 167

20. 341

21. 772

22. 919

23. 552

24. 321

Resolución de problemas

25. Evaluar el razonamiento Tyler dice que 9×7 es mayor que 7×9,
porque el número más grande está primero. Explica el error de Tyler.

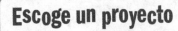

Escoge un proyecto

PROYECTO 3A

¿Qué tan agrio es el pastel de limón?

Proyecto: Busca información sobre los ingredientes del pastel de limón

PROYECTO 3B

¿Cuánto pesa una docena de panteras de la Florida?

Proyecto: Haz un dibujo con rótulos

PROYECTO 3C

¿Cuál es la masa de una jirafa?

Proyecto: Crea una canción

Representación matemática

Cubierto

Video

Antes de ver el video, piensa:

Cada caja tiene tres dimensiones: longitud, ancho y altura. Cuánto papel necesitas para envolver una caja depende de estas tres dimensiones. También hay otras figuras que puedes envolver. ¡Me hubiese gustado que alguien me avisara que esto no era una fiesta de cumpleaños!

Puedo...

representar con modelos matemáticos para resolver problemas que incluyen estimación y cálculo con modelos de área.

Nombre _____

Resuélvelo y coméntalo

Halla los productos de 3 × 4, 3 × 40, 3 × 400 y 3 × 4,000. *Resuelve estos problemas usando la estrategia que prefieras.*

Puedo...

hallar los productos de múltiplos de 10, 100 y 1,000 usando el cálculo mental y las estrategias de valor de posición.

También puedo buscar patrones para resolver problemas.

Puedes buscar relaciones entre los productos. ¿Cómo te puede ayudar hallar el primer producto a hallar los otros productos?

¡Vuelve atrás! ¿Qué patrón observas en los productos?

Pregunta esencial ¿Cómo se puede multiplicar por múltiplos de 10, 100 y 1,000?

A

Calcula 3 × 50, 3 × 500 y 3 × 5,000 usando operaciones básicas de multiplicación y las propiedades de las operaciones.

La propiedad asociativa de la multiplicación establece que se puede cambiar la agrupación de los factores y el producto es el mismo.

n

B **Una manera**

Halla 3×50, 3×500 y $3 \times 5,000$.

Usa operaciones básicas y el valor de posición.

$3 \times 50 = 3 \times 5$ decenas
$\qquad = 15$ decenas
$\qquad = 150$

$3 \times 500 = 3 \times 5$ centenas
$\qquad = 15$ centenas
$\qquad = 1,500$

$3 \times 5,000 = 3 \times 5$ millares
$\qquad = 15$ millares
$\qquad = 15,000$

C **Otra manera**

Halla 3×50, 3×500 y $3 \times 5,000$.

Descompón los números. Usa la propiedad asociativa de la multiplicación.

$3 \times 50 = 3 \times (5 \times 10)$
$\qquad = (3 \times 5) \times 10$
$\qquad = 15 \times 10$
$\qquad = 150$

$3 \times 500 = 3 \times (5 \times 100)$
$\qquad = (3 \times 5) \times 100$
$\qquad = 15 \times 100$
$\qquad = 1,500$

$3 \times 5,000 = 3 \times (5 \times 1,000)$
$\qquad = (3 \times 5) \times 1,000$
$\qquad = 15 \times 1,000$
$\qquad = 15,000$

¡Convénceme! **Razonar** ¿Qué patrones ves en la cantidad de ceros en los productos del ejercicio anterior?

Otro ejemplo

Usa el valor de posición para calcular 5 × 400 y 6 × 5,000.

5 × 400 = 5 × 4 centenas   6 × 5,000 = 6 × 5 millares
       = 20 centenas   = 30 millares
       = 2,000   = 30,000

> Si el producto de la operación básica termina en cero, el producto tiene un cero más del que ves en los factores.

☆ Práctica guiada

¿Lo entiendes?

1. Muestra cómo puedes usar la operación básica 5 × 8 = 40 para hallar el producto de 5 × 800.

2. Bob dice que 4 × 500 = 200. Explica el error en el uso del valor de posición.

¿Cómo hacerlo?

Para **3** a **5**, usa las estrategias que aprendiste como ayuda para multiplicar.

3. 8 × 7 = _____

    8 × 70 = _____

    8 × 700 = _____

    8 × 7,000 = _____

4. 7 × 70

5. 2 × 700

☆ Práctica independiente ☆

Práctica al nivel Para **6** a **11**, usa operaciones básicas, el valor de posición y propiedades para ayudarte a multiplicar.

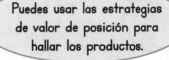

> Puedes usar las estrategias de valor de posición para hallar los productos.

6. 3 × 70 = _____

   3 × 700 = _____

   3 × 7,000 = _____

7. _____ = 6 × 40

   _____ = 6 × 400

   _____ = 6 × 4,000

8. 8 × 50 = _____

   8 × 500 = _____

   8 × 5,000 = _____

9. 4 × 2,000

10. 700 × 4

11. 6 × 60

12. enVision® STEM El río Mississippi mide aproximadamente 8 veces la longitud del río Hudson. Si el río Hudson mide aproximadamente 300 millas de longitud, ¿aproximadamente cuántas millas de longitud mide el río Mississippi? Escribe y resuelve una ecuación.

13. Ted, Jason y Angelina quieren recaudar $200 para un albergue de la ciudad. Ted recaudó $30. Jason recaudó $90. ¿Cuánto dinero, *d*, tiene que recaudar Angelina para alcanzar la meta?

$200		
$30	$90	*d*

Para **14** y **15**, usa la tabla de la derecha.

14. Entender y perseverar En la tropa de exploradoras de Amelia hay 9 niñas y 4 adultos. ¿Cuánto pagó la tropa por las entradas para el parque de diversiones?

15. Razonamiento de orden superior Nati visitó el Parque Divertilandia con su mamá y una amiga. Escogieron el Plan C. ¿Cuánto dinero ahorraron en los boletos de las dos niñas al comprar el Plan C en lugar de comprar boletos individuales para el Plan A y el Plan B?

DATOS

Precios de los boletos de Divertilandia

Planes	Adultos	Niños
Plan A: Parque acuático	$30	$20
Plan B: Parque de diversiones	$40	$30
Plan C: Combinación de A + B	$60	$40

☑ **Práctica para la evaluación**

16. Brandon dice que 4×800 es mayor que $8 \times 4,000$. Renee dice que 4×800 es menor que $8 \times 4,000$.

A.

Sin calcular la respuesta, explica cómo usar estrategias de valor de posición o la propiedad asociativa para hallar cuál es mayor.

B.

Sin calcular la respuesta, explica cómo usar relaciones u operaciones básicas para hallar cuál es menor.

Nombre ______________________________

Lección 3-2
Estimar productos

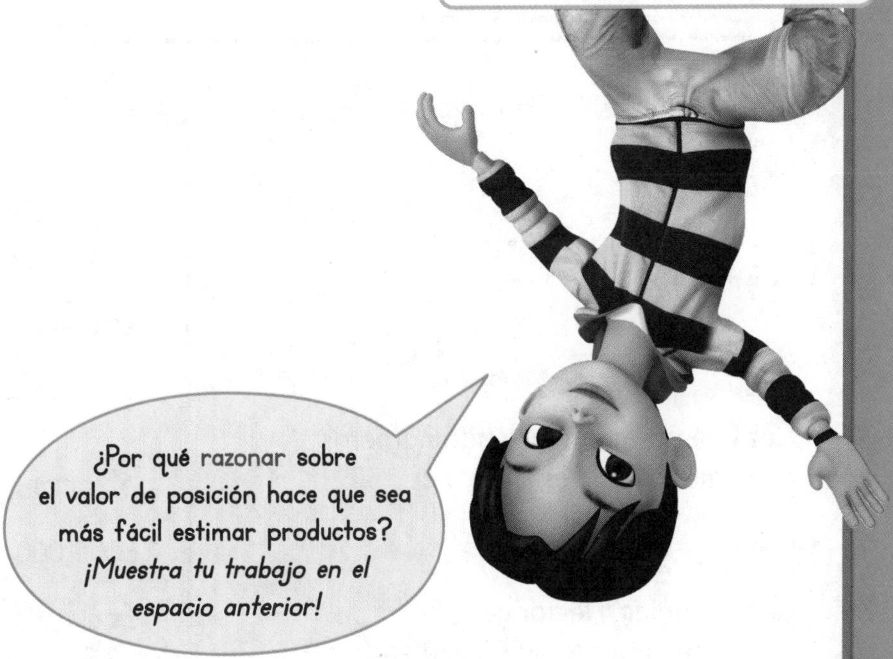

Puedo...
usar el redondeo para estimar productos y comprobar si mi respuesta es razonable.

También puedo razonar sobre las matemáticas.

Resuélvelo y coméntalo Sarah gana $48 a la semana por cuidar niños. Ahorra todo lo que gana durante 6 semanas. Haz una estimación para averiguar aproximadamente cuánto dinero ahorra Sarah. ***Resuelve este problema usando la estrategia que prefieras.***

¿Por qué razonar sobre el valor de posición hace que sea más fácil estimar productos? ¡Muestra tu trabajo en el espacio anterior!

¡Vuelve atrás! ¿Es tu estimación mayor o menor que la cantidad que realmente ganó Sarah? Explícalo.

Pregunta esencial ¿Cómo se pueden hacer estimaciones cuando se multiplica?

A

La clase del Sr. Hector vendió calendarios y cuadernos de notas durante 3 semanas para recaudar fondos. ¿Aproximadamente cuánto ganó la clase del Sr. Héctor vendiendo calendarios? ¿Y vendiendo cuadernos de notas?

Cuadernos de notas $3

Calendarios $4

DATOS

Objeto	Cantidad vendida Semana 1	Cantidad vendida Semana 2	Cantidad vendida Semana 3
Calendarios	28	73	63
Cuadernos de notas	272	475	232

B Halla cuántos calendarios, c, se vendieron.

$28 + 73 + 63 = c$
$164 = c$

Estima $\$4 \times 164$.

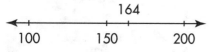
164
100   150   200

Haz una estimación usando números compatibles. 164 está cerca de 150.

$4 \times 150 = 600$

La clase del Sr. Hector ganó aproximadamente $600 vendiendo calendarios.

C Halla cuántos cuadernos de notas, n, se vendieron.

$272 + 475 + 232 = n$
$979 = n$

Estima $\$3 \times 979$.

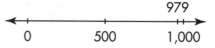
979
0   500   1,000

Al millar más cercano, 979 se redondea a 1,000.

$3 \times 1,000 = 3,000$

La clase del Sr. Hector ganó aproximadamente $3,000 vendiendo cuadernos de notas.

¡Convénceme! **Construir argumentos** ¿Podrías resolver el problema anterior si redondearas para estimar la cantidad total de calendarios y de cuadernos de notas? Explícalo.

Otro ejemplo

La clase de la Sra. Li juntó $2,089 vendiendo paquetes de lápices fluorescentes. Un estudiante calculó que las clases del Sr. Hector y la Sra. Li, juntas, recaudaron $8,865 por todos los útiles escolares. ¿Es razonable el cálculo del estudiante?

Puedes hacer una estimación para comprobar si una respuesta es razonable.

Redondea el total de la Sra. Li al millar más cercano: $2,000. Luego, suma las cantidades redondeadas. $2,000 + $600 + $3,000 = $5,600

El cálculo del estudiante no es razonable, porque $8,865 no está cerca de $5,600.

☆ Práctica guiada

¿Lo entiendes?

1. La clase del Sr. Harm vendió 1,275 productos a $5 cada uno. Uno de sus estudiantes calculó que la clase recaudó $2,375. ¿Es un cálculo razonable? Explícalo.

¿Cómo hacerlo?

Para **2** a **5**, estima los productos.

2. 6×125

3. $4 \times 2,610$

4. 538×3

5. 314×7

☆ Práctica independiente ☆

Práctica al nivel Para **6** a **8**, estima los productos.

6. 3×287

Redondea 287 a _____

$3 \times$ _____ = _____

7. $6 \times 1,310$

Redondea 1,310 a _____

$6 \times$ _____ = _____

8. 9×62

Redondea 62 a _____

$9 \times$ _____ = _____

Para **9** a **11**, haz una estimación para comprobar si la respuesta es razonable.

9. $7 \times 486 = 3,402$

Redondea 486 a _____

$7 \times$ _____ = _____

Razonable   No es razonable

10. $5 \times 1,240 = 9,200$

Redondea 1,240 a _____

$5 \times$ _____ = _____

Razonable   No es razonable

11. $9 \times 287 = 2,583$

Redondea 287 a _____

$9 \times$ _____ = _____

Razonable   No es razonable

Resolución de problemas

Para **12** y **13**, usa la tabla de la derecha.

12. Los estudiantes votaron para escoger a la mascota de la escuela. ¿Qué mascota tiene 4 veces la cantidad de votos que tiene el flamenco?

13. **Construir argumentos** Explica cómo estimarías el total de estudiantes que votaron por la mascota de la escuela. Luego, da tu estimación.

Votos para la mascota de la escuela

14. **Sentido numérico** Elisa dice que el producto de 211 y 6 es 1,866. ¿Es razonable este cálculo? Explícalo.

15. **Razonamiento de orden superior** Un adulto duerme aproximadamente 480 minutos por día. Un bebé duerme aproximadamente 820 minuto por día. ¿Aproximadamente cuántos minutos más que un adulto duerme un bebé en una semana? Resuelve el problema de dos maneras diferentes.

Práctica para la evaluación

16. Gul puede correr 800 metros en 139 segundos. ¿Aproximadamente cuánto tiempo tardará en correr 6 veces la misma distancia si corre a la misma velocidad? Escoge la mejor estimación.

Ⓐ Aproximadamente 140 segundos

Ⓑ Aproximadamente 600 segundos

Ⓒ Aproximadamente 1,200 segundos

Ⓓ Aproximadamente 6,000 segundos

17. Un carro nuevo de dos asientos pesa 1,785 libras. ¿Aproximadamente cuánto pesarán 8 carros de dos asientos? Escoge la mejor estimación.

Ⓐ Aproximadamente 160 libras

Ⓑ Aproximadamente 1,600 libras

Ⓒ Aproximadamente 16,000 libras

Ⓓ Aproximadamente 60,000 libras

Nombre _____

Resuélvelo y coméntalo   Una sala de música tiene asientos ordenados en filas. Hay 6 filas. Cada fila tiene 18 asientos. ¿Cuántas sillas hay en la sala de música? *Resuelve este problema de la manera que prefieras.* Explica tu respuesta.

Puedo...
usar matrices y productos parciales para multiplicar.

También puedo representar con modelos matemáticos para resolver problemas.

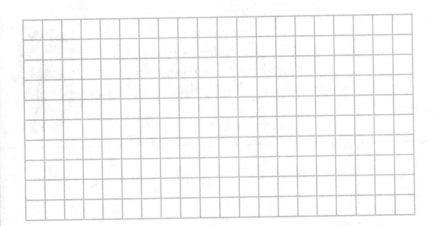

Puedes representar con modelos matemáticos. Puedes representar cómo están ordenadas las sillas para ayudarte a resolver el problema. ¡Muestra tu trabajo en el espacio anterior!

¡Vuelve atrás!   ¿Sería diferente la respuesta si hubiese 18 filas con 6 asientos cada una? Explícalo.

Pregunta esencial

¿Cómo se pueden usar matrices y productos parciales para multiplicar?

A Las ventanas de un edificio en la calle Internacional están en una matriz. Hay 5 filas con 13 ventanas cada una. ¿Cuántas ventanas hay en esta matriz?

B **Lo que muestras**

13 ventanas por fila

5 filas

Una matriz es una ordenación de objetos en filas iguales.

C **Lo que piensas**

Halla 5 × 13.

Haz una estimación: 5 × 13 es aproximadamente 5 × 10 = 50.

5 filas, 1 decena en cada una
5 × 10 = 50

5 filas, 3 unidades en cada una
5 × 3 = 15

50 + 15 = 65

A los números 15 y 50 los llamamos **productos parciales**. 65 es el producto.

D **Lo que anotas**

$$\begin{array}{r} 13 \\ \times\ 5 \\ \hline 15 \\ +\ 50 \\ \hline 65 \end{array}$$

5 × 3 unidades
5 × 1 decena

Hay 65 ventanas en la matriz.

El producto, 65, está cerca de la estimación, 50. La respuesta es razonable.

Puedes usar el valor de posición para descomponer los factores y la propiedad distributiva para hallar productos parciales.

¡Convénceme! **Usar la estructura** ¿Cómo se representan los productos parciales con los bloques de valor de posición?

Otro ejemplo

Halla 2 × 126.

Haz una estimación:

2 × 126 es aproximadamente 2 × 100 = 200.

Puedes hallar productos parciales para centenas, decenas y unidades.

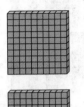

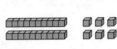

$$\begin{array}{r} 126 \\ \times\ \ 2 \\ \hline 200 \\ 40 \\ +\ \ 12 \\ \hline 242 \end{array}$$

productos parciales

2 × 1 centena
2 × 2 decenas
2 × 6 unidades

2 filas, 1 centena en cada una
2 × 100 = 200

2 filas, 2 decenas en cada una
2 × 20 = 40

2 filas, 6 unidades en cada una
2 × 6 = 12

☆ Práctica guiada

¿Lo entiendes?

1. Explica cómo una matriz representa una multiplicación.

¿Cómo hacerlo?

Para **2** y **3**, calcula.

2. 2 × 24

3. 3 × 218

☆ Práctica independiente ☆

Práctica al nivel Para **4** y **5**, multiplica. Completa cada ecuación.

4. Halla 3 × 13.

3 filas, 1 decena en cada una

_____ × _____ = _____

3 filas, 3 unidades en cada una

_____ × _____ = _____

_____ + _____ = _____

5. Halla 2 × 105.

$$\begin{array}{r} 105 \\ \times 2 \\ \hline \underline{} \end{array}$$ ⟵ 2 filas, 5 unidades en cada una

+ _____ ⟵ 2 filas, 1 centena en cada una

_____

Resolución de problemas

6. **Representar con modelos matemáticos**
¿Qué ecuación de multiplicación representan los bloques de valor de posición? Halla el producto. Luego, escribe un problema que se pueda resolver usando este modelo.

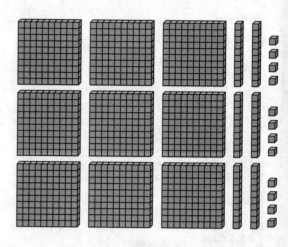

7. ¿Cuántas canicas hay en 3 bolsas grandes y 4 bolsas pequeñas?

15 canicas   80 canicas

8. **Razonamiento de orden superior** ¿Cómo se puede usar la propiedad distributiva para hallar 4 × 875? Dibuja una matriz.

9. Selecciona todas las expresiones que tienen un valor de 312.

☐ $(3 \times 100) + (3 \times 4)$

☐ 3×12

☐ 3×112

☐ $(30 \times 10) + (3 \times 12)$

☐ 3×104

10. ¿Cuáles son los productos parciales de 54×9?

Ⓐ 36, 45

Ⓑ 36, 450

Ⓒ 540, 36

Ⓓ 32, 450

Nombre _____

Resuélvelo y coméntalo Usa solamente los números que aparecen en el diagrama y los signos de operaciones $(+, -, \times, \div)$ para hallar el área del rectángulo que no está coloreada. **Resuelve este problema usando la estrategia que prefieras.**

Usa la estructura y lo que sabes sobre calcular el área para resolver este problema. ¡Muestra tu trabajo en el espacio siguiente!

Puedo...
usar modelos de área y productos para multiplicar.

También puedo buscar patrones para resolver problemas.

¡Vuelve atrás! **Usar la estructura** ¿Son equivalentes las siguientes ecuaciones? Explícalo.

$8 \times (10 - 4) = n$

$(8 \times 10) - (8 \times 4) = n$

Pregunta esencial ¿Cómo se pueden usar los modelos de área y los productos parciales para multiplicar?

Puente de aprendizaje visual

A Un jardín tiene la forma de un rectángulo. Mide 8 pies de ancho y 25 pies de longitud. ¿Cuál es el área del jardín?

B Lo que muestras

25 pies

| 8 pies | 20 | 5 |

Una expresión numérica contiene números y, al menos, una operación. 8 × 25 es una expresión numérica.

Puedes usar un modelo de área rectangular para mostrar la multiplicación. El producto de 8 × 25 es el área del rectángulo.

C Lo que piensas

Haz una estimación: 8 × 25 es aproximadamente 8 × 30 = 240.

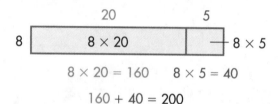

| | 20 | 5 |
| 8 | 8 × 20 | 8 × 5 |

8 × 20 = 160   8 × 5 = 40

160 + 40 = 200

La propiedad distributiva estableece que multiplicar una suma por un número es lo mismo que multiplicar cada parte de la suma por ese número y sumar los productos parciales:
8 × 25 = (8 × 20) + (8 × 5)

D Lo que anotas

```
   25
 ×  8
   40    8 × 5 unidades
+ 160    8 × 2 decenas
  200
```

El área del jardín es 200 pies cuadrados.

El producto, 200, está cerca de la estimación de 240. La respuesta es razonable.

 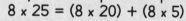

¡Convénceme! Usar la estructura ¿Es 12 − (4 × 2) = (12 − 4) × (12 − 2)? Explícalo.

Otro ejemplo

Halla 5×123.

100	20	3
5×100	5×20	5×3

5

$5 \times 100 = 500$

$5 \times 20 = 100$

$5 \times 3 = 15$

$$\begin{array}{r} 123 \\ \times\ \ 5 \\ \hline 15 \quad 5 \times 3 \\ 100 \quad 5 \times 20 \\ +\ \ 500 \quad 5 \times 100 \\ \hline 615 \end{array}$$

Puedes usar lo que sabes sobre multiplicar números de 2 dígitos para multiplicar números de 3 dígitos.

☆ Práctica guiada

¿Lo entiendes?

1. ¿Qué expresión numérica representa el siguiente modelo de área?

200	60	5

7

¿Cómo hacerlo?

2. Multiplica. Usa el modelo de área y productos parciales.

500	60

7

$$\begin{array}{r} 560 \\ \times\ \ 7 \\ \hline \end{array}$$

☆ Práctica independiente

Práctica al nivel Para **3** a **6**, multiplica. Usa el modelo de área y productos parciales.

3.

30	4

6

$$\begin{array}{r} 34 \\ \times\ 6 \\ \hline \end{array}$$

4.

90	9

2

$$\begin{array}{r} 99 \\ \times\ 2 \\ \hline \end{array}$$

5. 3×185

100	80	5

3

6. 8×440

400	40

8

Resolución de problemas

7. Representar con modelos matemáticos El año pasado, la abuela de Anthony le regaló 33 monedas de plata y 16 monedas de oro para que empezara una colección de monedas. Ahora, Anthony tiene seis veces esa cantidad en su colección. ¿Cuántas monedas tiene Anthony en su colección? Completa el diagrama de barras para mostrar tu trabajo.

monedas en total

monedas ahora

monedas al principio

---

8. Wyatt dijo que usó productos parciales para escribir $7 \times 870 = 5,600 + 49$. Explica el error de Wyatt y usa las matemáticas para justificar tu explicación.

9. Razonamiento de orden superior La montaña Todd es un pico montañoso cerca de Tyler, Texas. Un guardabosques escaló los 607 pies hacia el pico en subida y, luego, en bajada. El guardabosques escaló el pico 3 veces en cuatro semanas. ¿Qué distancia escaló el guardabosques en cuatro semanas?

---

10. Wendy planea llevar refrescos para el picnic de la escuela. Llevará 5 galones de té frío. También llevará 2 galones de limonada por cada 10 personas. ¿Cuántos galones de limonada y té frío necesita Wendy en total para 40 personas? Completa la tabla.

Cantidad de personas	Galones de limonada	Galones de té frío	Total de galones
10	2	5	
20			
30			
40			

---

11. ¿Cuál es el factor que falta?

$6 \times ? = 264$

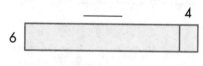

4

6

Ⓐ 50

Ⓑ 44

Ⓒ 40

Ⓓ 30

12. ¿Cuáles son los productos parciales para este modelo de área?

7×228

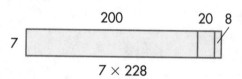

200   20 8

7

7×228

Ⓐ 1,400, 144, 56

Ⓑ 14,000, 140, 56

Ⓒ 56, 14, 1,400

Ⓓ 56, 140, 1,400

Resuélvelo y coméntalo

El modelo de la fosa para las herraduras que se muestra abajo tiene un área de 228 pies cuadrados. La longitud de una de las partes de la fosa se borró por equivocación. ¿Cuál es la longitud de la parte que falta, *x*? **Resuelve de la manera que prefieras.** Explica cómo hallaste la respuesta.

Lección 3-5
Más sobre usar modelos de área y productos parciales para multiplicar

Puedo...
usar modelos de área y productos parciales para multiplicar.

También puedo usar una herramienta matemática para resolver problemas.

	30 pies	x
6 pies		

Puedes usar herramientas apropiadas. ¿Cómo puedes usar bloques de valor de posición o dibujos para resolver este problema? ¡Muestra tu trabajo en el espacio anterior!

¡Vuelve atrás! ¿Qué ecuación de multiplicación puede usarse para representar el modelo de la fosa para las herraduras de arriba?

Pregunta esencial

¿Cómo se puede multiplicar con números más grandes?

A

El área de conservación Rails to Trails *abrió un camino nuevo para ciclismo. El camino tiene 6 yardas de ancho. ¿Cuál es su área? Halla 6 × 1,842.*

El proceso para multiplicar es el mismo sin importar la cantidad de dígitos.

Longitud del camino: 1,842 yardas

B

Halla 6 × 1,842 usando un modelo de área y productos parciales.

Haz una estimación: 6 × 1,842 es aproximadamente 6 × 2,000 = 12,000.

1,000	800	40	2
6 × 1,000	6 × 800	6 × 40	6 × 2

6

Un área de 11,052 es razonable, porque está cerca de la estimación de 12,000.

C

Recuerda que puedes hallar productos parciales en cualquier orden.

$$
\begin{array}{r}
1,842 \\
\times\ \ \ 6 \\
\hline
12 \\
240 \\
4,800 \\
+\ 6,000 \\
\hline
11,052
\end{array}
$$

6 × 2
6 × 40
6 × 800
6 × 1,000

El nuevo camino mide 11,052 yardas cuadradas.

¡Convénceme! **Usar la estructura** ¿En qué se parecen los procesos de usar productos parciales para hallar el producto final en cada uno de estos cálculos? ¿En qué se diferencian? Explícalo.

$$
\begin{array}{r}
34 \\
\times\ 5 \\
\hline
\end{array}
\qquad
\begin{array}{r}
234 \\
\times\ 5 \\
\hline
\end{array}
\qquad
\begin{array}{r}
1,234 \\
\times\ 5 \\
\hline
\end{array}
$$

✫ Práctica guiada

¿Lo entiendes?

1. ¿Qué expresión de multiplicación se representa en el siguiente modelo de área?

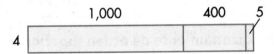

1,000   400   5

4

¿Cómo hacerlo?

Para **2**, multiplica. Usa modelos de área y productos parciales.

2. 5 × 1,117

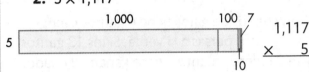

1,000   100 7

5   10

$$\begin{array}{r} 1{,}117 \\ \times5 \\ \hline \end{array}$$

Haz una estimación para comprobar si tu respuesta es razonable.

✫ Práctica independiente

Para **3** a **8**, multiplica. Usa modelos de área y productos parciales.

3.

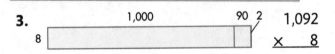

1,000   90 2

8

$$\begin{array}{r} 1{,}092 \\ \times8 \\ \hline \end{array}$$

4.

4,000   200 1

3   60

$$\begin{array}{r} 4{,}261 \\ \times3 \\ \hline \end{array}$$

5.

1,000   900   90

2

$$\begin{array}{r} 1{,}990 \\ \times2 \\ \hline \end{array}$$

6.

2,000   300 7

6   40

$$\begin{array}{r} 2{,}347 \\ \times6 \\ \hline \end{array}$$

7.

3,000   2

5   20

$$\begin{array}{r} 3{,}022 \\ \times5 \\ \hline \end{array}$$

8.

1,000   900   9

7   90

$$\begin{array}{r} 1{,}999 \\ \times7 \\ \hline \end{array}$$

Resolución de problemas

9. **Hacerlo con precisión** Usualmente, en cada año hay 365 días. Cada cuatro años sucede el año bisiesto, que tiene un día más en el mes de febrero. ¿Cuántos días hay en 8 años si 2 de esos años son bisiestos?

10. Hay 1,250 semillas en cada paquete. Hay 5 paquetes. ¿Cuántas semillas hay en total?

11. Un criador de gatos tiene 6 gatitos esfinge y 7 gatitos persas a la venta. Si los 13 gatitos se venden, ¿cuánto dinero ganará el criador? Escribe y resuelve ecuaciones. Explica qué representan tus variables.

12. **Razonamiento de orden superior** Patricia crea un diseño con 1,025 azulejos. Luego, duplica la cantidad de azulejos para hacer un segundo diseño. Su tercer diseño requiere 3 veces la cantidad de azulejos que el segundo diseño. ¿Cuántos azulejos usa en el tercer diseño? Explica cómo hallaste la respuesta.

Práctica para la evaluación

13. ¿Cuáles son los productos parciales de 3 × 3,672?

Ⓐ 6; 21; 1,800; 9,000

Ⓑ 9,000; 1,800; 210; 6

Ⓒ 210; 1,800; 9,000

Ⓓ 6; 210; 180; 9,000

14. Selecciona todas las expresiones que tengan 1,600 como producto parcial.

☐ 4 × 4,381

☐ 8 × 3,240

☐ 4 × 1,408

☐ 2 × 7,881

☐ 8 × 2,021

Nombre _____

Resuélvelo y coméntalo

Determina los productos de las siguientes expresiones. Calcula mentalmente para resolverlas. Explica tu razonamiento. **Resuelve estos problemas usando la estrategia que prefieras.**

Puedes usar la estructura para multiplicar los números en cualquier orden y hacer los cálculos más sencillos. ¡Muestra tu trabajo en el espacio que sigue!

$25 \times 9 \times 4$

$50 \times 5 \times 2$

$2 \times 8 \times 25$

Puedo...

usar estrategias del cálculo mental según el valor de posición y las propiedades de las operaciones para multiplicar.

También puedo buscar patrones para resolver problemas.

¡Vuelve atrás! Describe dos maneras diferentes de hallar 4×97.

 **Pregunta esencial** **¿Cómo se puede multiplicar mentalmente?**

A

Tres ciclistas montaron sus bicicletas las distancias que se muestran en la tabla. Calcula mentalmente las distancias totales que recorrieron Pam y Anna.

Puedes usar las propiedades de las operaciones como ayuda para multiplicar mentalmente. Según la propiedad conmutativa de la multiplicación, puedes multiplicar siguiendo cualquier orden.

DATOS

Ciclista	Distancia
Pam	325 millas por mes durante 4 meses
Anna	25 millas por semana durante 8 semanas
George	398 millas por mes durante 3 meses

B Multiplica 4×325 para hallar la distancia que Pam montó.

Para multiplicar mentalmente, puedes descomponer números usando el valor de posición y la propiedad distributiva.

Piensa:
$$4 \times 325 = 4 \times 300 + 4 \times 25$$
$$= 1,200 + 100$$
$$= 1,300$$

Pam montó 1,300 millas.

C Multiplica 8×25 para hallar la distancia que Anna montó.

Para multiplicar mentalmente, puedes descomponer y volver a organizar números usando las propiedades conmutativa y asociativa.

Piensa:
$$8 \times 25 = (4 \times 2) \times 25$$
$$= 2 \times (4 \times 25)$$
$$= 2 \times 100$$
$$= 200$$

Anna montó 200 millas.

¡Convénceme! **Usar la estructura** En el trabajo anterior de 4×325, ¿por qué no se descompuso 25 en 20 y 5? Explícalo.

Otro ejemplo

Determina la distancia que recorrió George.

Halla 3×398. 400 está cerca de 398.
Halla 3×400 y ajusta la respuesta.

$3 \times 400 = 1,200$
$398 + 2 = 400 \qquad 3 \times 2 = 6$

Ajusta la respuesta restando 6.
$1,200 - 6 = 1,194$

George recorrió 1,194 millas en 3 meses.

Puedes usar la compensación para multiplicar mentalmente. Escoge números cercanos a los números del problema y, luego, ajusta la respuesta.

☆ Práctica guiada

¿Lo entiendes?

1. ¿Por qué se restó 6 de 1,200 en "Otro ejemplo"?

¿Cómo hacerlo?

Para **2**, multplica mentalmente para hallar el producto. Explica qué estrategia usaste.

2. 8×903

☆ Práctica independiente ☆

Práctica al nivel Para **3** a **10**, multiplica mentalmente para hallar los productos. Explica qué estrategia usaste.

3. $6 \times 250 = (3 \times \underline{\hspace{1cm}}) \times 250$

4. $4 \times 506 = 4 \times (\underline{\hspace{1cm}} + \underline{\hspace{1cm}})$

5. $4 \times 1,995$

6. 22×5

7. 404×6

8. 7×250

9. 2×395

10. 9×56

Resolución de problemas

11. En un zoológico, un elefante come 100 libras de heno y 5 libras de frutas y verduras todos los días. ¿Cuántas libras de comida por semana necesita el zoológico para alimentar un elefante? Calcula mentalmente para resolver el problema.

Hay 7 días en una semana.

---

12. Ashley y 3 amigos planean un viaje. El costo del viaje es $599 por persona. ¿Cuánto les costará el viaje a Ashley y sus amigos? Explica cómo calcular mentalmente para hallar la respuesta.

13. Kyle tiene una colección de piedras. El lunes encontró 16 piedras nuevas. El martes les regaló 9 piedras a sus amigos. Después de haber regalado las piedras, quedaron 122 piedras en su colección. ¿Cuántas piedras tenía Kyle al principio?

---

14. **Evaluar el razonamiento** Quinn usó la compensación para hallar el producto de 4 × 307. Primero, halló 4 × 300 = 1,200. Luego, ajustó el producto restando 4 grupos de 7 para obtener su respuesta final de 1,172. Explica qué error cometió y halla la respuesta correcta.

15. **Razonamiento de orden superior** ¿Crees que sería mejor descomponer y usar la propiedad distributiva o compensar para hallar el producto de 5 × 328? Explica por qué y muestra cómo hallar el producto.

✓ Práctica para la evaluación

16. Selecciona todas las expresiones que representan cómo calcular mentalmente el producto de 4 × 27.

- ☐ (4 × 20) + (4 × 7)
- ☐ 4 × (20 × 7)
- ☐ (4 × 30) − (4 × 3)
- ☐ (4 × 25) + (4 × 2)
- ☐ 4 × 2 × 7

La compensación y las propiedades de las operaciones son algunas de las estrategias de cálculo mental.

Nombre _____

Resuélvelo y coméntalo

Un multicine tiene 4 salas. En cada sala hay 342 asientos de piso y 85 en el entrepiso. ¿Cuántas personas caben en el multicine en total? **Resuelve este problema usando la estrategia que prefieras.** Explica tu solución.

Puedo...
escoger una estrategia apropiada para multiplicar.

También puedo escoger una estrategia apropiada para multiplicar.

Puedes hacerlo con precisión y usar la información dada para calcular correctamente. ¡Muestra tu trabajo en el espacio anterior!

¡Vuelve atrás! ¿Qué estrategia o estrategias usaste para resolver este problema? Explica por qué.

Pregunta esencial **¿Qué estrategia puedes usar para multiplicar?**

A

Pagar por el daño que sufren los carros debido a los baches puede ser costoso. La tabla muestra algunos de los costos de reparación. ¿Cuál es el costo total de las reparaciones?

 Piensa en los números que tienes que multiplicar para ayudarte a *escoger* una estrategia.

Reparaciones por daños de baches

Artículo	Costo	Cantidad comprada
Llantas	$125 cada una	4
Pintura	$1,450 por capa	2

B Halla el costo de las llantas, c.

$4 \times \$125 = c$

Haz una estimación: 4×125 es aproximadamente $4 \times 120 = 480$.

Descompón 125 usando el valor de posición y la propiedad distributiva.

$$4 \times 125 = 4 \times (100 + 25)$$
$$= 4 \times 100 + 4 \times 25$$
$$= 400 + 100$$
$$= 500$$

$c = 500$

Reparar las llantas cuesta $500.

C Halla el costo de la pintura, y. $2 \times \$1,450 = y$

Haz una estimación: $2 \times 1,450$ es aproximadamente $2 \times 1,500 = 3,000$.

Usa un modelo de área y productos parciales.

	1,000	400	50
2			

$$
\begin{array}{r}
1,450 \\
\times \quad 2 \\
\hline
100 \quad 2 \times 50 \\
800 \quad 2 \times 400 \\
+ \ 2,000 \quad 2 \times 1,000 \\
\hline
2,900
\end{array}
$$

$y = 2,900$

Pintar el carro cuesta $2,900.

D Halla el costo total de las reparaciones, z.

$\$500 + \$2,900 = z$

Haz una estimación: $500 + 2,900$ es aproximadamente $500 + 3,000 = 3,500$. Usa la compensación para sumar.

$500 + 3,000 = 3,500$
3,000 es 100 más que 2,900.
Resta 100.
$3,500 - 100 = 3,400$

$z = 3,400$

El costo total de las reparaciones es $3,400.

¡Convénceme! Razonar Explica por qué las respuestas de cada parte del problema anterior son razonables.

Nombre _____

 **Práctica guiada**

¿Lo entiendes?

1. Una tienda de llantas vende 3 llantas por $175 cada una e incluye una cuarta llanta gratis. ¿Es esto más o menos costoso que comprar 4 llantas por $135 cada una?

¿Cómo hacerlo?

Para **2** a **5**, escoge una estrategia apropiada para hallar cada producto.

2.   74
  × 6

3.   819
  × 5

4. 4 × 309

5. 3 × 354

⭐ Práctica independiente ⭐

Para **6** a **21**, escoge una estrategia apropiada para hallar cada producto.

6.   25
  × 6

7.   83
  × 5

8.   62
  × 4

9.   89
  × 7

10.   245
  × 3

11.   318
  × 9

12.   103
  × 5

13.   314
  × 8

14. 4 × 4,347

15. 6 × 2,716

16. 7 × 1,287

17. 3 × 1,942

18. 2,319 × 5

19. 1,467 × 5

20. 6,006 × 9

21. 9,749 × 5

Resolución de problemas

22. Entender y perseverar El equipo de baile de Maura quiere comprar vestuario. Cada prenda cuesta $56. El equipo tiene $523 ahorrados. ¿Cuánto dinero quedará en el fondo después de comprar 9 prendas?

¿Cuál es la pregunta escondida que debes responder primero?

23. Elaine alquila un carro por 5 días. Alquilar un carro cuesta $44 por día más $7 del seguro por día. Al final del viaje Elaine gasta $35 en llenar el tanque con gasolina. ¿Cuánto le cuesta a Elaine alquilar el carro en total?

24. En la ceremonia del Club de Matemáticas había 17 mesas con 8 invitados en cada una. Si cada invitado recibió 2 certificados, ¿cuántos certificados se entregaron durante la ceremonia?

25. El agua que sale de los géiseres en erupción puede alcanzar una temperatura de 244 °F. La temperatura media en el Parque Nacional Yellowstone es 35 °F. Calcula la diferencia entre las dos temperaturas.

26. Razonamiento de orden superior El lunes, Paolo vendió 21 boletos para el baile. El martes, vendió tres veces la cantidad de boletos que vendió el lunes. El miércoles, vendió dos veces la cantidad de boletos que vendió el martes. ¿Cuántos boletos vendió en los tres días en total?

☑ Práctica para la evaluación

27. El Sr. Tran quiere comprar un sofá nuevo que cuesta $934. Puede pagar el total de una sola vez o puede hacer un pago de $125 por mes durante 8 meses. ¿Cuánto menos le cuesta pagar todo de una vez? Escribe ecuaciones para mostrar cómo resolverlo. Explica qué representan las variables.

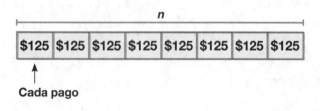

n

| $125 | $125 | $125 | $125 | $125 | $125 | $125 | $125 |

↑
Cada pago

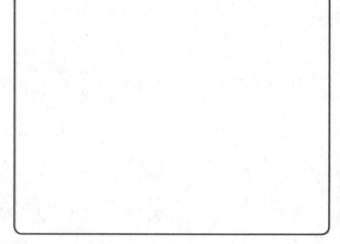

Nombre _____

Resuélvelo y coméntalo Kevin tomó 120 fotos a color y 128 fotos en blanco y negro en una excursión. Marco tomó 2 veces la cantidad de fotos que tomó Kevin. ¿Cuántas fotos tomó Marco? *Resuelve el problema usando la estrategia que prefieras. Usa el diagrama de barras como ayuda para resolver el problema.*

Kevin

Marco

Puedo...
aplicar lo que sé de matemáticas para resolver problemas.

También puedo aplicar lo que sé de matemáticas para resolver problemas.

Hábitos de razonamiento

¡Razona correctamente! Estas preguntas pueden ayudarte.

- ¿Cómo puedo usar lo que sé de matemáticas para resolver este problema?

- ¿Cómo puedo usar dibujos, objetos y ecuaciones para representar el problema?

- ¿Cómo puedo usar números, palabras, signos y símbolos para resolver este problema?

¡Vuelve atrás! **Representar con modelos matemáticos**
¿Qué representación usaste para resolver el problema y mostrar relaciones?

¿Cómo se puede representar una situación con un modelo matemático?

A

Una exhibición de arte tiene 9 equipos de jueces. Si cada equipo evalúa la obra de 13 pintores y 14 escultores, ¿cuántos artistas hay en la exhibición?

¿Qué tengo que hallar?

Tengo que hallar a cuántos artistas evalúa cada equipo.

Tengo que hallar la cantidad total de artistas.

e

13	14

Cada equipo evalúa a 27 artistas.

B

¿Cómo puedo representar con modelos matemáticos?

Puedo

- usar diagramas de barras y ecuaciones para representar y resolver este problema.

- decidir si mis resultados tienen sentido.

C

Halla 9×27.

Este es mi razonamiento...

Usa un diagrama de barras. Escribe y resuelve una ecuación.

a artistas

27	27	27	27	27	27	27	27	27

↑
cantidad de artistas por cada equipo de jueces

$a = 9 \times 27$

$a = 243$

Hay 243 artistas en la exhibición.

¡Convénceme! **Representar con modelos matemáticos** ¿Cómo puedes decidir si tu respuesta tiene sentido?

☆ Práctica guiada

Representar con modelos matemáticos

En la Papelería de Sharon hay 1,219 cajas de tarjetas. En el Mercado de Mayo hay 3 veces la cantidad de tarjetas que en la Papelería de Sharon. ¿Cuántas cajas, *c*, hay en el Mercado de Mayo?

> Cuando representas con modelos matemáticos, puedes trazar un diagrama de barras y escribir una ecuación para representar las relaciones en el problema.

1. Explica cómo usar un dibujo para representar el problema y mostrar relaciones.

2. ¿Qué ecuación puedes escribir para representar el problema?

3. ¿Cuál es la solución del problema?

☆ Práctica independiente ☆

Representar con modelos matemáticos

Annie tiene 6 álbumes de estampillas en su colección. Cada álbum tiene 440 estampillas. ¿Cuántas estampillas, *e*, tiene Annie en su colección? Usa los Ejercicios 4 a 6 para responder a la pregunta.

4. Haz un dibujo y escribe una ecuación para representar el problema.

5. ¿Qué cálculo que has aprendido previamente puedes usar para resolver el problema?

6. ¿Cuál es la solución del problema? Explica por qué tu solución tiene sentido.

Resolución de problemas

Carga de gasolina

Un camión como el que se muestra a la derecha distribuye un cargamento de gasolina a una gasolinera 3 veces por semana. El tanque de almacenamiento de la gasolinera tiene espacio para 9 cargamentos de gasolina. ¿Cuánta capacidad más que el camión tiene el tanque de la gasolinera?

Carga 2,700 galones.

7. Entender y perseverar ¿Qué sabes y qué debes hallar?

8. Entender y perseverar ¿Qué tienes que saber para determinar cuánta capacidad más que el camión tiene el tanque?

Cuando representas con modelos matemáticos, usas las matemáticas para representar situaciones de la vida diaria.

9. Representar con modelos matemáticos Explica cómo usar modelos, como diagramas de barras y ecuaciones, para representar y resolver el problema.

Nombre _____

Sigue la ruta

Sombrea una ruta que vaya desde la **SALIDA** hasta la **META**. Sigue las diferencias que sean correctas. Solo te puedes mover hacia arriba, hacia abajo, hacia la derecha o hacia la izquierda.

Puedo...
restar números enteros de varios dígitos.

También puedo restar números enteros de varios dígitos.

Salida				
812 − 44 768	929 − 879 150	511 − 423 112	767 − 31 636	698 − 12 586
621 − 85 536	341 − 299 142	486 − 230 256	825 − 789 36	333 − 111 222
543 − 97 446	836 − 788 48	178 − 98 80	123 − 53 30	342 − 88 254
111 − 87 76	876 − 55 72	912 − 842 170	282 − 32 150	293 − 95 198
684 − 485 299	922 − 87 865	312 − 219 193	986 − 887 199	876 − 543 333
				Meta

Glosario A-Z

Lista de palabras

- compensación
- estimación
- expresión numérica
- matriz
- producto parcial
- propiedad asociativa de la multiplicación
- propiedad conmutativa de la multiplicación
- propiedad distributiva

Comprender el vocabulario

1. Encierra en un círculo la propiedad que está representada en
$4 \times (6 + 2) = (4 \times 6) + (4 \times 2)$.

   asociativa   conmutativa   distributiva

2. Encierra en un círculo la propiedad que está representada en
$2 \times 134 = 134 \times 2$.

   asociativa   conmutativa   distributiva

3. Encierra en un círculo la propiedad que está representada en
$(1 \times 3) \times 7 = 1 \times (3 \times 7)$.

   asociativa   conmutativa   distributiva

4. Traza líneas para unir las palabras de vocabulario con su ejemplo.

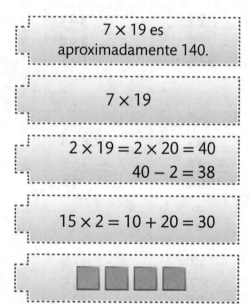

| matriz |
| compensación |
| estimación |
| expresión numérica |
| producto parcial |

7×19 es aproximadamente 140.

7×19

$2 \times 19 = 2 \times 20 = 40$
$40 - 2 = 38$

$15 \times 2 = 10 + 20 = 30$

Usar el vocabulario al escribir

5. Halla 4×114. Usa por lo menos 3 términos de la Lista de palabras para describir cómo se halla el producto.

Grupo E páginas 97 a 100

Puedes usar todas las estrategias para hallar productos más grandes.

Usa la propiedad distributiva para hallar 3 × 1,275.

Usa la notación desarrollada y el valor de posición para construir un modelo de área.

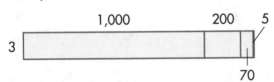

$$3 \times 1,275 = 3 \times (1,000 + 200 + 70 + 5)$$
$$= (3 \times 1,000) + (3 \times 200) +$$
$$(3 \times 70) + (3 \times 5)$$
$$= 3,000 + 600 + 210 + 15$$
$$= 3,825$$

Recuerda que debes hacer una estimación para comprobar si tu respuesta es razonable.

1. 1,468 × 4   **2.** 361 × 3

3. 25 × 7   **4.** 2,189 × 7

5. 6 × 987   **6.** 8 × 22

7. 763 × 5   **8.** 14 × 9

9. 171 × 8   **10.** 22 × 9

11. 1,409 × 5   **12.** 17 × 6

Grupo F páginas 101 a 104

Puedes usar las propiedades de las operaciones o la compensación para multiplicar mentalmente.

Usa las propiedades conmutativa y asociativa para hallar 8 × 50.

$$8 \times 50 = (2 \times 4) \times 50$$
$$= (4 \times 2) \times 50$$
$$= 4 \times (2 \times 50)$$
$$= 4 \times 100$$
$$= 400$$

Usa la compensación para hallar 9 × 67.
Piensa: 67 = 70 − 3.
Multiplica 9 × 70 mentalmente.
9 × 70 = 630
Para ajustar, resta.
9 × 3, es decir, 27.
Resta: 630 − 27 = 603.
Por tanto, 9 × 67 = 603.

Recuerda que puedes usar diagramas o las propiedades de las operaciones para ayudarte a multiplicar mentalmente.

1. 18 × 2   **2.** 48 × 5

3. 52 × 7   **4.** 33 × 6

5. 97 × 7   **6.** 88 × 4

7. 239 × 4   **8.** 148 × 5

9. 233 × 6   **10.** 937 × 7

Puedes usar la estrategia que mejor se adapte al problema. Conoces estrategias de valor de posición, la propiedad distributiva, modelos de área y la compensación.

Valor de posición:

$8 \times 359 = 8 \times 3$ centenas $+ 8 \times 5$ decenas $+ 8 \times 9$ unidades

La propiedad distributiva:

$7 \times 4,056 = 7 \times (4,000 + 50 + 6)$
$= (7 \times 4,000) + (7 \times 50) + (7 \times 6)$

Compensación:

6×495
$(6 \times 500) - (6 \times 5)$

Recuerda que debes hacer una estimación para comprobar si tu respuesta es razonable.

1. $\begin{array}{r} 43 \\ \times\ 8 \\ \hline \end{array}$

2. $\begin{array}{r} 57 \\ \times\ 9 \\ \hline \end{array}$

3. $\begin{array}{r} 215 \\ \times\ \ 7 \\ \hline \end{array}$

4. $\begin{array}{r} 869 \\ \times\ \ 2 \\ \hline \end{array}$

5. $\begin{array}{r} 4,233 \\ \times\ \ \ \ 7 \\ \hline \end{array}$

6. $\begin{array}{r} 3,261 \\ \times\ \ \ \ 4 \\ \hline \end{array}$

7. $\begin{array}{r} 1,250 \\ \times\ \ \ \ 8 \\ \hline \end{array}$

8. $\begin{array}{r} 2,239 \\ \times\ \ \ \ 5 \\ \hline \end{array}$

Piensa en tus respuestas a estas preguntas como ayuda para **representar con modelos matemáticos**.

Hábitos de razonamiento

- ¿Cómo puedo usar lo que sé de matemáticas para resolver este problema?

- ¿Cómo puedo usar dibujos, objetos y ecuaciones para representar el problema?

- ¿Cómo puedo usar números, palabras, signos y símbolos para resolver este problema?

Recuerda que un diagrama de barras te puede ayudar a escribir una ecuación.

Maia tiene una colección de 34 muñecas. En el depósito de una juguetería hay 5 veces la cantidad de muñecas que tiene Maia.

1. Usa dibujos, un diagrama de barras o una ecuación para hallar la cantidad de muñecas en el depósito.

2. ¿Cómo puedes decidir si tu respuesta es razonable?

Nombre _____

1. Usa números del recuadro para representar cómo multiplicar 126 por 3.

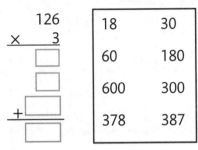

$$\begin{array}{r} 126 \\ \times\ \ 3 \\ \hline \square \\ \square \\ +\ \square \\ \hline \square \end{array}$$

18	30
60	180
600	300
378	387

2. Alberto hizo un viaje en tren de ida y vuelta de 198 millas 4 veces el mes pasado. Explica cómo calcular mentalmente para hallar la distancia total que viajó Alberto.

3. El Sr. Ortiz vende bolsas de 25 tortillas y bolsas de 50 tortillas. Si vende 4 bolsas de 50 y 6 bolsas de 25, ¿cuántas tortillas habrá vendido el Sr. Ortiz?

Ⓐ 10 tortillas   Ⓒ 350 tortillas

Ⓑ 170 tortillas   Ⓓ 3,500 tortillas

4. A. ¿Cuáles son los productos parciales cuando hallas $1,874 \times 3$? Selecciona todos los que apliquen.

☐ 5,400   ☐ 2,000

☐ 3,000   ☐ 210

☐ 2,400   ☐ 12

B. Halla el producto de 1,874 y 3.

5. Una clase de Ciencias cultiva frutas y verduras en un terreno detrás de la escuela. Las secciones están divididas en filas.

Frutas y verduras	**Cantidad de filas**
Fresas	65
Pimientos	18
Calabaza	11
Tomates	22

DATOS

A. Hay 9 plantas de fresas en cada fila. Escribe y resuelve una ecuación para hallar cuántas plantas de fresas se cultivaron.

B. Hay 9 plantas de pimientos en cada fila. Dibuja un modelo de área y representa los productos parciales para hallar cuántas plantas de pimientos se cultivaron detrás de la escuela.

6. Selecciona todas las expresiones que pueden usarse para hallar $1,235 \times 9$.

☐ $9 \times (1,000 + 200 + 20 + 5)$

☐ $9 \times (1,000 + 200 + 30 + 5)$

☐ $(9 \times 1,000) + (9 \times 200) +$ $(9 \times 30) + (9 \times 5)$

☐ $9 \times 1,235$

☐ $1,235 + 9$

---

7. Dibuja un modelo para hallar 365×3.

$365 \times 3 =$ _____

---

8. Selecciona todas las expresiones que tengan un producto de 640.

☐ $(6 \times 100) + (4 \times 10)$

☐ 9×54

☐ $60 \times 4 \times 1$

☐ 160×4

☐ $(6 \times 100) \times (4 \times 10)$

---

9. La tabla muestra la cantidad de bebidas que se venden en 1 semana en una tienda de café concurrida.

DATOS

Bebida	Cantidad
Café	835
Latte	567
Moca	200
Capuchino	139

A. Si se vendiera la misma cantidad de tazas de café durante 6 semanas seguidas, ¿cuántas tazas se venderían en total?

B. El especial del mes fue el moca frío. La cantidad de tazas de moca frío que vendió la tienda en una semana fue 5 veces la cantidad que vendió de tazas de moca caliente. ¿Cuántas tazas de moca frío más que de moca caliente se vendieron en 4 semanas? Explícalo.

10. Los boletos para un parque cuestan $1,182 por adulto y $459 por niño. Halla el costo total por boletos para 3 adultos y 3 niños. Explica cómo sabes que tu respuesta es razonable.

11. ¿Qué expresión tiene el mismo valor que 5 × 617?

Ⓐ (5 × 6) + (5 × 1) + (5 × 7)

Ⓑ (5 × 60) + (5 × 10) + (5 × 70)

Ⓒ (5 × 600) + (5 × 1) + (5 × 7)

Ⓓ (5 × 600) + (5 × 10) + (5 × 7)

12. ¿Cuál de las siguientes expresiones es equivalente a (400 × 3) + (36 × 3)?

Ⓐ 436 ÷ 3

Ⓑ 400 × 10

Ⓒ 436 × 3

Ⓓ 400 × 3 + 36

13. Halla 3 × 312. Dibuja un diagrama de barras para resolverlo.

14. La Panadería de Betty hornea 215 galletas y 45 pastelitos por hora. ¿Cuántos productos pueden hornear en 4 horas?

15. Escribe y resuelve una ecuación que represente el siguiente diagrama de barras.

b

| 48 | 48 | 48 | 48 |

16. ¿Cuál de las siguientes opciones es equivalente a 8 × 493? Selecciona todas las que apliquen.

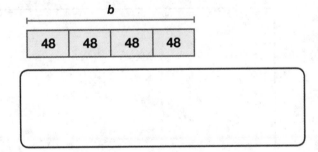

☐ (8 × 400) + (8 × 90) + (8 × 3)

☐ (8 × 400) + 93

☐ 493 × 8

☐ (8 × 500) − (8 × 93)

☐ (8 × 500) − (8 × 7)

17. El Sr. Luca quiere comprar teclados digitales para 3 sobrinas y 1 sobrino. El teclado cuesta $105.

A. El Sr. Luca piensa que el costo total será aproximadamente $200. ¿Es razonable esta cantidad? Explícalo.

B. Escribe y resuelve una ecuación para hallar el costo total de los teclados. Explica por qué tu respuesta es razonable.

18. ¿Cuál es el producto de 5 × 1,903?

Ⓐ 9,515

Ⓑ 9,505

Ⓒ 9,155

Ⓓ 965

19. ¿Cómo puedes calcular mentalmente para hallar el producto de 6 × 295?

20. A. Selecciona todos los productos parciales de 8 × 321.

☐ 8

☐ 80

☐ 160

☐ 1,600

☐ 2,400

B. Halla el producto de la **parte A** usando productos parciales.

Comprar computadoras para la clase

La escuela de Jorge puede comprar computadoras e impresoras a los siguientes precios. La tabla muestra información sobre las clases de cuarto grado.

DATOS

Clases del cuarto grado		
Maestro	Dinero recaudado	Cantidad de estudiantes
Sr. Jones	$6,000	25
Srta. Sánchez	$9,000	24
Srta. Katz	$7,500	26

Computadora de escritorio: $1,050

Computadora portátil: $798

Impresora: $128

1. Jorge está en la clase de la Srta. Sánchez. Su clase quiere comprar 8 computadoras de escritorio y 3 impresoras.

Parte A

¿Cuál es el costo total de 8 computadoras de escritorio? Usa las estrategias de valor de posición y las propiedades de las operaciones.

Parte B

¿Cuál es el costo total de 3 impresoras? Dibuja una matriz y representa los productos parciales para hallar el costo.

Parte C

¿Recaudó la clase de Jorge suficiente dinero para comprar 8 computadoras de escritorio y 3 impresoras? Explícalo.

2. Rachel está en la clase del Sr. Jones. Su clase quiere comprar 7 computadoras y 2 impresoras.

Parte A

¿Cuánto más que 7 computadoras portátiles cuestan 7 computadoras de escritorio?
Usa diagramas de barras y ecuaciones para representar y resolver el problema.

Parte B

¿De qué otra manera se puede hallar la diferencia entre el costo de 7 computadoras de escritorio y 7 computadoras portátiles? Explícalo.

3. Miranda está en la clase de la Srta. Katz. Su clase quiere comprar 9 computadoras portátiles y 4 impresoras. Miranda dice que el total será $7,494. ¿Es razonable esa cantidad? Explícalo. ¿Tiene la clase suficiente dinero?

Usar estrategias y propiedades para multiplicar por números de 2 dígitos

Preguntas esenciales: ¿Cómo se puede usar un modelo para multiplicar? ¿Cómo se puede usar la propiedad distributiva para multiplicar? ¿Cómo se puede usar la multiplicación para resolver problemas?

Recursos digitales

Libro del estudiante   Aprendizaje visual   Práctica

Evaluación   Herramientas   Glosario

La energía renovable proviene de recursos naturales que nunca se agotan.

Estas turbinas gigantes aprovechan la energía del viento para producir energía eléctrica y reducir la contaminación que producen los combustibles fósiles.

¡Voy a buscar mi cometa! Este es un proyecto sobre la energía y la multiplicación.

Proyecto de enVision STEM : La energía renovable y la multiplicación

Investigar Usa la Internet u otras fuentes para hallar información sobre diferentes fuentes de energía renovable.

Diario: Escribir un informe Incluye lo que averiguaste. En tu informe, también:

- dibuja una matriz con 15 filas para representar las turbinas en una granja eólica, que es un área de terreno con una gran cantidad de turbinas. ¿Cuántas turbinas hay en la granja eólica?

- halla cuánta energía puede producir una de estas turbinas en un año. Algunas turbinas producen 63 megavatio-horas de energía por semana. Recuerda que hay 52 semanas en un año.

⭐Repasa lo que sabes⭐

(A-Z) Vocabulario

Escoge el mejor término del recuadro.
Escríbelo en el espacio en blanco.

• algoritmo   • producto
• matriz   • variable

1. Se multiplican números para hallar un/una _____.

2. Un/Una _____ muestra la cantidad de objetos en filas y columnas.

3. Un símbolo o letra que representa un número se llama _____.

Multiplicación

Halla los productos.

4. 4×8 **5.** 2×9 **6.** 9×5

7. 6×8 **8.** 16×4 **9.** 6×68

10. 87×5 **11.** 19×9 **12.** 128×6

Redondeo

Redondea los números a la centena más cercana.

13. 164   **14.** 8,263

15. 527   **16.** 2,498

17. 7,892   **18.** 472

> En este tema, usarás el redondeo para estimar productos.

Redondea los números al millar más cercano.

19. 8,685   **20.** 4,991   **21.** 62,549

22. 167,241   **23.** 77,268   **24.** 34,162

25. 1,372   **26.** 9,009   **27.** 121,619

28. Construir argumentos Explica cómo redondear 608,149 al millar más cercano.

Nombre _____

PROYECTO 4A

¿Qué tan alto puede ser un conjunto de palmeras sabal?

Proyecto: Explica los procesos

PROYECTO 4B

¿Puedes estimar el peso de una docena de pájaros?

Proyecto: Escribe un reporte sobre el sinsonte norteño

PROYECTO 4C

¿Cuántas jugadoras de fútbol comienzan en la Copa Mundial Femenina?

Proyecto: Crea un cartel de matrices

PROYECTO 4D

¿Cuánto peso puede lanzar un lanzador de peso?

Proyecto: Compara masas de lanzamientos de peso

Nombre _____

Resuélvelo y coméntalo

El director de una escuela necesita pedir útiles escolares para 20 salones de clase nuevos. Cada salón de clase necesita los siguientes artículos: 20 escritorios, 30 sillas y 40 lápices. ¿Cuántos de cada artículo necesita pedir el director? *Resuelve este problema usando la estrategia que prefieras.*

Puedes usar la estructura. ¿Qué operaciones básicas puedes usar para ayudarte a resolver estos problemas? ¿Cómo se relacionan? ¡Muestra tu trabajo en el espacio que sigue!

Puedo...
usar estrategias de valor de posición o las propiedades de las operaciones para multiplicar por múltiplos de 10.

También puedo buscar patrones para resolver problemas.

¡Vuelve atrás! Mira los factores y los productos que hallaste. ¿Qué patrones ves?

Pregunta esencial ¿Cómo se puede multiplicar por múltiplos de 10?

A

A continuación se muestra la cantidad de visitantes por cada grupo de edades al parque de diversiones Días de sol. ¿Cuántos niños visitan el parque en 30 días?

Puedes usar estrategias de valor de posición o las propiedades de las operaciones para multiplica por un múltipo de 10.

Cantidad de visitantes por día

B

Una manera

Halla 30×80.

Usa operaciones básicas y el valor de posición.

$$30 \times 80 = 3 \text{ decenas} \times 8 \text{ decenas}$$
$$= 24 \text{ centenas}$$
$$= 2,400$$

2,400 niños visitan el parque en 30 días.

$10 \times 10 = 100$

C

Otra manera

Halla 30×80.

Descompón los números. Usa la propiedad conmutativa y la propiedad asociativa de la multiplicación.

$$30 \times 80 = (3 \times 10) \times (8 \times 10)$$
$$= 3 \times 8 \times 10 \times 10$$
$$= (3 \times 8) \times (10 \times 10)$$
$$= 24 \times 100$$
$$= 2,400$$

2,400 niños visitan el parque en 30 días.

¡Convénceme! **Buscar relaciones** Usa el valor de posición o las propiedades de las operaciones para determinar cuántos adultos mayores de 65 años visitan el parque en 30 días.

Nombre _Alan_

Otro ejemplo

Usa las propiedades de las operaciones para hallar 50 × 60.

$50 \times 60 = 5 \times 10 \times 6 \times 10$
$= (5 \times 6) \times (10 \times 10)$
$= 30 \times 10$
$= 3{,}000$

Si el producto de la operación básica termina en cero, el producto tiene un cero más del que ves en los factores.

☆Práctica guiada

¿Lo entiendes?

1. Halla 50 × 20. ¿Cuántos ceros hay en el producto? Explícalo.

2. ¿Cuántos adultos menores de 65 años visitan el parque en 30 días?

¿Cómo hacerlo?

Para **3** a **8**, usa operaciones básicas y el valor de posición o las propiedades de las operaciones para hallar los productos.

3. 30 × 10   **4.** 50 × 10

5. 20 × 10   **6.** 60 × 20

7. 90 × 40   **8.** 80 × 50

☆Práctica independiente☆

Para **9** a **16**, usa operaciones básicas y el valor de posición o propiedades de las operaciones para hallar los productos.

9. 20 × 70   **10.** 70 × 90   **11.** 40 × 20   **12.** 40 × 30

13. 70 × 40   **14.** 20 × 30   **15.** 60 × 40   **16.** 60 × 90

Para **17** a **22**, halla el factor que falta.

17. 10 × _____ = 100   **18.** _____ × 20 = 1,600   **19.** _____ × 30 = 1,500

20. 20 × _____ = 1,000   **21.** _____ × 90 = 8,100   **22.** 60 × _____ = 4,200

Resolución de problemas

23. Razonar El producto de dos factores es 4,200. Si uno de los factores es 60, ¿cuál es el otro factor? Explícalo.

24. Álgebra Hay 50 jugadores en cada equipo de fútbol americano de la escuela secundaria. Explica cómo puedes hallar la cantidad total de jugadores si hay 40 equipos. Escribe una ecuación y resuélvela.

25. Bob consume 2 galones de agua. Para lavar ropa, consume 10 galones de agua cuando se cepilla los dientes. ¿Cuántas tazas de agua más que cuando se cepilla los dientes usa Bob cuando lava ropa?

Hay 16 tazas en 1 galón.

26. James caminó 30 minutos todos los días durante 90 días. Muestra cómo puedes usar el valor de posición o las propiedades para hallar cuántos minutos caminó James.

27. Razonamiento de orden superior ¿Cuál es un ejemplo de un producto que tendrá la misma cantidad de ceros en los factores y en el producto? ¿Cuál es un ejemplo de un producto que NO tendrá la misma cantidad de ceros en los factores y en el producto?

Práctica para la evaluación

28. Selecciona todas las expresiones cuyo producto es 1,600.

☐ 20×80

☐ 20×60

☐ 40×40

☐ 60×30

☐ 90×20

29. ¿En qué expresión es 50 el factor que falta?

Ⓐ $20 \times ? = 1,000$

Ⓑ $50 \times ? = 3,000$

Ⓒ $30 \times ? = 1,800$

Ⓓ $10 \times ? = 1,000$

Nombre _____

Resuélvelo y coméntalo

Hay 10 equipos en una liga de béisbol. Cada equipo tiene 25 jugadores. ¿Cuántos jugadores hay en total en toda la liga? *Resuelve este problema usando la estrategia que prefieras.*

Puedo...
usar modelos y las propiedades de las operaciones como ayuda para multiplicar.

También puedo escoger y usar una herramienta matemática para resolver problemas.

Puedes usar herramientas apropiadas. Los bloques de valor de posición o el papel cuadriculado te pueden ayudar a visualizar el problema. ¡Muestra tu trabajo en el espacio anterior!

¡Vuelve atrás! ¿Cuántos jugadores hay en la liga si hay 30 equipos?

Explica cómo puedes usar tu respuesta al problema anterior como ayuda para resolver este problema.

Pregunta esencial **¿Cómo se pueden usar matrices o modelos de área para multiplicar?**

A

La Compañía de Mudanzas Max tiene cajas para empacar libros. Si en cada caja caben 24 libros, ¿cuántos libros caben en 20 cajas?

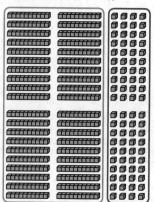

Hacer una matriz con bloques de valor de posición o usar modelos de área te ayuda a visualizar los productos parciales.

24 libros

B   Usa bloques de valor de posición para hacer una matriz.

Halla $20 \times 24 = l$.

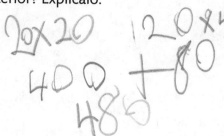

$$\begin{array}{r} 400 \\ + \ 80 \\ \hline 480 \end{array}$$ productos parciales

$20 \times 24 = 480$

$l = 480$

$20 \times 20 = 400$ $20 \times 4 = 80$
Caben 480 libros en 20 cajas.

C   Dibuja un modelo de área.

Halla $20 \times 24 = l$.

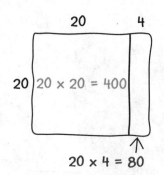

       20   4

20 | $20 \times 20 = 400$

$20 \times 4 = 80$

$$\begin{array}{r} 400 \\ + \ 80 \\ \hline 480 \end{array}$$ productos parciales

$20 \times 24 = 480$

$l = 480$

Caben 480 libros en 20 cajas.

¡Convénceme!   **Razonar**   ¿Es razonable el producto 480 en el problema anterior? Explícalo.

20×20   20×4

400   +   80

480

---

134   **Tema 4** | Lección 4-2

Nombre _____

Resuélvelo y coméntalo

Escoge dos factores de los números del recuadro para hallar un producto que esté lo más cerca posible de 1,600. **Resuelve este problema usando la estrategia que prefieras.**

| 24 | 32 | 61 | 78 |

Puedo...
usar redondeo o números compatibles para redondear.

También puedo crear argumentos matemáticos.

¿Qué estrategias conoces que te puedan ayudar a estimar un producto? ¡Muestra tu trabajo en el espacio que sigue!

¡Vuelve atrás! **Construir argumentos** ¿Por qué escogiste esos factores? ¿Cómo sabes si los factores te darán la estimación más cercana al producto?

Pregunta esencial ¿Qué estrategias se pueden usar para hacer estimaciones?

A

En el huerto de la Sra. Piper, los trabajadores cosecharon 14 docenas de manzanas, y en el huerto del Sr. Stuart, cosecharon 12 docenas de manzanas. Hay 12 manzanas en una docena. ¿Aproximadamente cuántas manzanas cosecharon los trabajadores?

Hay más de una estrategia para hacer estimaciones.

$14 + 12 = 26$ docenas de manzanas cosechadas en total.

docena de manzanas

B **Una manera**

Usa el redondeo para estimar 26×12.

Redondea 26 a la decena más cercana.
Redondea 12 a la decena más cercana.

$$26 \times 12 = n$$
$$\downarrow \qquad \downarrow$$
$$30 \times 10 = 300$$

Los trabajadores cosecharon aproximadamente 300 manzanas.

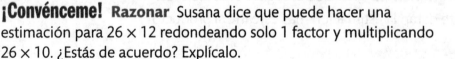

Algunos problemas no necesitan una respuesta exacta.

C **Otra manera**

Usa números compatibles para estimar 26×12.

Reemplaza los factores con números cercanos y fáciles de multiplicar.

26 está cerca de 25.   12 está cerca de 10.

$$25 \times 10 = n$$
$$250 = n$$

Los trabajadores cosecharon aproximadamente 250 manzanas.

¡Convénceme! **Razonar** Susana dice que puede hacer una estimación para 26×12 redondeando solo 1 factor y multiplicando 26×10. ¿Estás de acuerdo? Explícalo.

Nombre _____

Resuélvelo y coméntalo Un teatro tiene 14 filas de 23 asientos cada una. ¿Cuántos asientos hay en el teatro? *Resuelve este problema usando la estrategia que prefieras.*

Puedo...

usar los conceptos del valor de posición y las propiedades para multiplicar.

También puedo representar con modelos matemáticos para resolver problemas.

Puedes usar papel cuadriculado o matrices para representar el problema. ¡Muestra tu trabajo en el espacio que sigue!

¡Vuelve atrás! **Usar la estructura** La disposición de los asientos de un teatro es un ejemplo de cómo los objetos se ordenan en filas y columnas, es decir, matrices. ¿Cómo se relacionan la cantidad de filas y la cantidad de asientos en cada fila con la cantidad total de asientos?

Pregunta esencial ¿Cómo puedes usar los modelos de área y los productos parciales para multiplicar?

A

Hay 13 perros de juguete en cada fila de un puesto de feria. Hay 20 filas con bulldogs de juguete y 4 filas con siberianos de juguete. ¿Cuántos perros de juguete hay?

Para resolver el problema, primero debes hallar cuántas filas de perros de juguete hay en el puesto.

```
  20 filas de bulldogs de juguete
+  4 filas de siberianos de juguete
  24 filas de siberianos de juguete
```

Hay 24 filas con 13 perros de juguete cada una.

13 perros por fila

B

Usa una matriz para hallar 24 × 13.

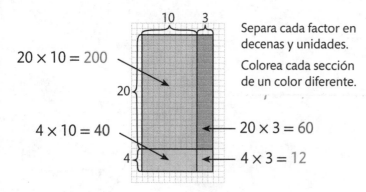

```
          10    3
20 × 10 = 200
4 × 10 = 40        20 × 3 = 60
                  4 × 3 = 12
```

Separa cada factor en decenas y unidades.

Colorea cada sección de un color diferente.

12, 40, 60 y 200 son productos parciales.

C Suma la cantidad de casillas de cada parte de la matriz.

```
   12    4 × 3 unidades
   40    4 × 1 decena
   60    20 × 3 unidades
+ 200    20 × 1 decena
  312
```

Hay 312 perros de juguete en el puesto.

24 × 13 = 312 está cerca de 25 × 10 = 250. La respuesta es razonable.

¡Convénceme! Representar con modelos matemáticos
¿Qué multiplicación de 2 dígitos por 2 dígitos representa el modelo de la derecha? ¿Cuál es el producto? Explica cómo usaste el modelo para hallar el producto.

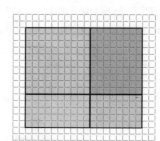

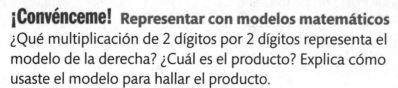

142   **Tema 4** | Lección 4-4

Nombre _____

Resuélvelo y coméntalo Un área de juego está dividida en cuatro secciones, como se muestra en el diagrama. Halla el área del área de juego. Explica cómo hallaste la respuesta. *Resuelve este problema usando la estrategia que prefieras.*

Puedo...
usar modelos de área y propiedades de las operaciones para multiplicar dos números de 2 dígitos.

También puedo representar con modelos matemáticos para resolver problemas.

Puedes usar dibujos, modelos de área y las propiedades de las operaciones para representar con modelos matemáticos.

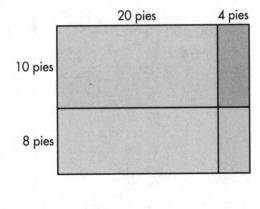

20 pies   4 pies

10 pies

8 pies

¡Vuelve atrás! Explica cómo hallaste el área de la parte azul del área de juego.

¿Cómo se puede usar la propiedad distributiva para multiplicar?

A

Hay 15 jugadores en cada equipo de béisbol del club Los Leones. ¿Cuántos jugadores hay en todos los equipos del club Los Leones?

Puedes usar un modelo de área para mostrar la propiedad distributiva.

Hay 25 equipos en el club Los Leones.

B ## Una manera

Usa un modelo de área y la propiedad distributiva para hallar 25 × 15.

Descompón 15 en 10 + 5.

25 × (10 + 5)
(25 × 10) + (25 × 5)

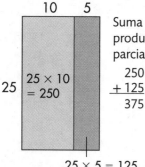

Suma los productos parciales.

250
+ 125
375

25 × 5 = 125

C ## Otra manera

Usa un modelo de área y la propiedad distributiva para hallar 25 × 15.

Descompón 25 en 20 + 5.

(20 + 5) × 15
(20 × 15) + (5 × 15)

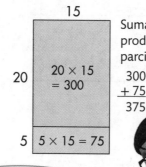

Suma los productos parciales.

300
+ 75
375

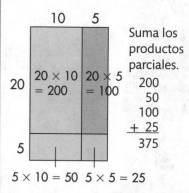

Hay 375 jugadores en los equipos.

D ## Otra manera

Usa un modelo de área y la propiedad distributiva para hallar 25 × 15.

Descompón los dos factores.

Descompón 25 en 20 + 5.
Descompón 15 en 10 + 5.

	10	5
20	20 × 10 = 200	20 × 5 = 100
5	5 × 10 = 50	5 × 5 = 25

Suma los productos parciales.

200
50
100
+ 25
375

¡Convénceme! Usar la estructura ¿Cómo ilustra un modelo de área la propiedad distributiva?

☆ Práctica guiada

¿Lo entiendes?

1. ¿Qué cuatro multiplicaciones más sencillas se usan para hallar 24 × 23?

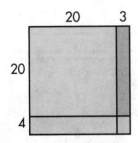

2. ¿Cómo puedes usar un modelo de área y la propiedad distributiva para ayudarte a multiplicar? Explícalo usando 12 × 16.

¿Cómo hacerlo?

3. Usa el modelo de área y la propiedad distributiva para hallar 35 × 12.

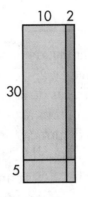

$35 \times 12 =$ _____

$30 \times 10 =$ _____

$5 \times 10 =$ _____

$30 \times 2 =$ _____

$5 \times 2 =$ _____

_____ + _____ + _____ + _____ = _____

☆ Práctica independiente ☆

Para **4** a **10**, dibuja un modelo de área para hallar los productos.

4. 18 × 25

5. 14 × 25

6. 22 × 88

7.
```
   41
×  12
```

8.
```
   30
×  27
```

9.
```
   58
×  19
```

10.
```
   29
×  50
```

Resolución de problemas

11. Escribe 652,079 con los nombres de los números y en la forma desarrollada.

12. Sentido numérico Sara estimó 23 × 43 usando 20 × 40. Sam estimó 23 × 43 usando 25 × 40. ¿Cuál de los dos métodos dará una estimación más cercana a la respuesta exacta? Explícalo.

13. Usar la estructura Una familia de urracas de los matorrales de la Florida vive en 25 acres de tierra. Ninguna otra familia de urracas de los matorrales vive dentro de esa área. ¿Cuántos acres de tierra se necesitan para 24 familias de urracas de los matorrales de la Florida? Muestra cómo puedes usar la propiedad distributiva para resolver el problema.

Vive en 25 acres de tierra.

14. Marla quiere comprar una tableta digital que cuesta $565, con el impuesto incluido. Ahorró $15 por semana durante 30 semanas. ¿Ahorró dinero suficiente para comprar la tableta digital? Explícalo.

15. Razonamiento de orden superior ¿Qué cuesta menos: 13 naranjas que cuestan 29 centavos cada una o 17 manzanas que cuestan 25 centavos cada una? ¿Cuánto menos?

Práctica para la evaluación

16. Selecciona todos los productos parciales que podrían usarse para hallar 19 × 26.

- ☐ 45; 60; 180; 200
- ☐ 200; 180; 60; 54
- ☐ 6; 45; 180; 200
- ☐ 200; 60; 180; 54
- ☐ 0; 54; 180; 200

17. Selecciona todas las maneras de usar la descomposición y la propiedad distributiva como ayuda para hallar el producto de 35 × 12.

- ☐ $35 \times (10 + 2)$
- ☐ $(12 \times 30) + (12 \times 5)$
- ☐ $(12 \times 5) + (35 \times 5)$
- ☐ $(30 \times 5) + (10 \times 2)$
- ☐ $(30 \times 10) + (5 \times 10) + (30 \times 2) + (5 \times 2)$

Nombre _____

Resuélvelo y coméntalo

Hay 11 jugadores titulares y 5 jugadores suplentes en un equipo de fútbol. ¿Cuántos jugadores hay en 15 equipos de fútbol? *Resuelve este problema usando la estrategia que prefieras.*

Puedes usar la estructura y lo que sabes sobre la propiedad distributiva y modelos de área para hallar el producto. ¡Muestra tu trabajo en el espacio que sigue!

Puedo...
usar el valor de posición y productos parciales para multiplicar.

También puedo buscar patrones para resolver problemas.

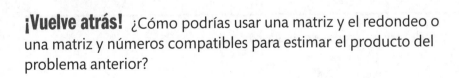

¡Vuelve atrás! ¿Cómo podrías usar una matriz y el redondeo o una matriz y números compatibles para estimar el producto del problema anterior?

Pregunta esencial ¿Cómo se pueden anotar las multiplicaciones?

A

Marcia puso 7 naranjas y 8 manzanas en cada bolsa de un conjunto de 12. ¿Cuántas frutas puso Marcia en todas las bolsas?

Algunos problemas tienen más de un paso en la resolución.

$7 + 8 = f$

$15 = f$

Marcia puso 15 frutas en cada una de las 12 bolsas.

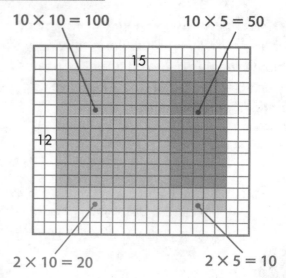

$10 \times 10 = 100$ $10 \times 5 = 50$

15

12

$2 \times 10 = 20$ $2 \times 5 = 10$

B Halla 12×15.

Haz una estimación: 12×15 es aproximadamente $10 \times 15 = 150$.

Primero, multiplica las unidades.

$$\begin{array}{r} 15 \\ \times\ 12 \\ \hline 10 \\ 20 \end{array}$$

2×5 unidades
2×1 decena

10 y 20 son productos parciales.

C Luego, multiplica las decenas.

$$\begin{array}{r} 15 \\ \times\ 12 \\ \hline 10 \\ 20 \\ 50 \\ +\ 100 \\ \hline 180 \end{array}$$

10×5 unidades
10×1 decena

Marcia puso 180 frutas en las bolsas.

50 y 100 son productos parciales.

La respuesta es razonable, porque 180 está cerca de 150.

¡Convénceme! **Razonar** ¿Qué productos parciales son incorrectos? ¿Cuál es el producto final correcto?

$$\begin{array}{r} 26 \\ \times\ \ 12 \\ \hline 12 \\ 40 \\ 600 \\ +\ 2000 \\ \hline 2{,}652 \end{array}$$

☆Práctica guiada

¿Lo entiendes?

1. En el ejemplo de la página anterior, ¿por qué se halla 2 × 1 decena, en vez de 2 × 1?

2. En el ejemplo de la página anterior, ¿puedes anotar los 4 productos parciales en otro orden? Explícalo.

¿Cómo hacerlo?

Para **3** y **4**, halla todos los productos parciales. Luego, suma para hallar el producto final. Dibuja modelos de área, si es necesario.

3.	23	**4.**	41
	× 14		× 25

☆Práctica independiente

Para **5** a **12**, haz estimaciones. Halla todos los productos parciales. Luego, suma para hallar el producto final. Dibuja modelos de área, si es necesario.

Recuerda que debes comprobar si tu producto final es razonable.

5.	34	**6.**	73	**7.**	64	**8.**	26
	× 51		× 81		× 32		× 53

9.	38	**10.**	34	**11.**	19	**12.**	19
	× 17		× 30		× 43		× 52

Resolución de problemas

13. El Castillo de San Marcos es un fuerte español construido entre 1672 y 1695.

   a. Redondeados a la decena de millar más cercana, ¿cuántos pesos costó construir el fuerte?

   b. ¿Cuántos años llevó construir el fuerte?

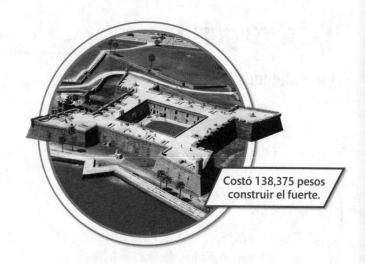

Costó 138,375 pesos construir el fuerte.

---

14. **Construir argumentos** Una escuela tiene 2 patios grandes. Uno es rectangular y mide 24 pies de longitud por 18 pies de ancho. El otro es cuadrado y cada lado mide 21 pies de longitud. ¿Cuál de las áreas de los patios es mayor? Explícalo.

15. **Razonamiento de orden superior** Muestra dos maneras de descomponer los factores y luego halla el producto de 14×22.

✓ **Práctica para la evaluación**

16. ¿Qué grupo de números tiene el producto parcial que falta y el producto final?

$$
\begin{array}{r}
13 \\
\times\ 62 \\
\hline
6 \\
20 \\
\square \\
+\ 600 \\
\hline
\square
\end{array}
$$

  Ⓐ 210; 836

  Ⓑ 18; 806

  Ⓒ 180; 806

  Ⓓ 18; 644

17. Selecciona todas las ecuaciones en las que 12 sea el factor que falta.

☐ $b \times 14 = 336$

☐ $b \times 36 = 432$

☐ $18 \times b = 216$

☐ $39 \times b = 468$

☐ $21 \times b = 231$

Nombre _____

Resuélvelo y coméntalo

Cinco estudiantes se propusieron recaudar $500 en su caminata de caridad. Los patrocinadores donaron $25 por cada milla que caminaron los estudiantes. ¿Por cuánto se excedieron o no llegaron al objetivo estos estudiantes? *Resuelve este problema usando la estrategia que prefieras.*

Puedo...
entender los problemas y continuar trabajando si no puedo seguir adelante.

También puedo usar la suma, la resta y la multiplicación para resolver problemas.

DATOS

Estudiante	Millas caminadas
Susan	5
Maxine	5
Charlie	3
Fillip	4
Rachael	4

Hábitos de razonamiento

¡Razona correctamente! Estas preguntas pueden ayudarte.

- ¿Qué necesito hallar?
- ¿Qué sé?
- ¿Cuál es mi plan para resolver el problema?
- ¿Qué más puedo intentar si no puedo seguir adelante?
- ¿Cómo puedo comprobar si mi solución tiene sentido?

¡Vuelve atrás! **Entender y perseverar** ¿Hay más de una manera de resolver el problema? Explícalo.

Pregunta esencial ¿Cómo se pueden entender los problemas que tienen más de un paso y perseverar para resolverlos?

A

El parque tiene un gran jardín con un sendero alrededor. El personal del parque pintará el sendero. ¿Cuál es el área del sendero?

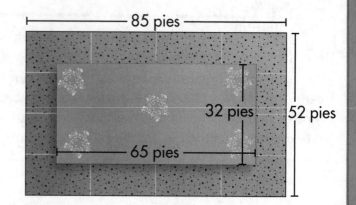

85 pies
32 pies · 52 pies
65 pies

¿Cuál es un buen plan para resolver el problema?

Necesito hallar el área del jardín y el sendero juntos. Luego, necesito restar para hallar solo el área del sendero.

B ¿Cómo puedo **entender y resolver** este problema?

Puedo

- identificar las cantidades dadas.

- entender cómo están relacionadas las cantidades.

- escoger y aplicar una estrategia apropiada.

- comprobar que mi trabajo y mi respuesta tengan sentido.

C Primero, halla el área de todo el parque.

$52 \times 85 = p$
$4{,}420 = p$

$$\begin{array}{r} 85 \\ \times\ \ 52 \\ \hline 10 \\ 160 \\ 250 \\ +\ 4{,}000 \\ \hline 4{,}420 \end{array}$$

Luego, halla el área del jardín.

$32 \times 65 = j$
$2{,}080 = j$

$$\begin{array}{r} 65 \\ \times\ \ 32 \\ \hline 10 \\ 120 \\ 150 \\ +\ 1{,}800 \\ \hline 2{,}080 \end{array}$$

Resta para hallar el área del sendero.
$4{,}420 - 2{,}080 = s$

El área del sendero es 2,340 pies cuadrados.

$$\begin{array}{r} {}^{3}\,{}^{12} \\ 4{,}\cancel{4}2\cancel{0} \\ -\ 2{,}080 \\ \hline 2{,}340 \end{array}$$

¡Convénceme! **Entender y perseverar** ¿Puedes resolver el problema usando una estrategia diferente y obtener el mismo resultado? Explícalo.

☆ Práctica guiada

Entender y perseverar

Durante sus vacaciones, Julia llenó 3 tarjetas de memoria como la que se muestra. Julia imprimió 2 copias de cada foto. ¿Cuántas fotos imprimió Julia?

MEMORIA

Una tarjeta de memoria almacena 28 fotos.

1. ¿Qué sabes y qué necesitas hallar?

Cuando entiendes y perseveras, compruebas con frecuencia si tu trabajo es razonable.

2. ¿Qué pasos seguirías para resolver el problema?

3. ¿Cuántas fotos imprimió Julia? Explícalo.

☆ Práctica independiente

Entender y perseverar

Jarrod entrega 63 periódicos de lunes a sábado y 78 periódicos los domingos. El mes pasado tuvo 4 domingos y 26 de los otros días. ¿Cuántos periódicos entregó Jarrod el mes pasado? Usa los Ejercicios 4 a 6 para resolver el problema.

4. ¿Qué estrategias puedes usar para hallar cuántos periódicos entregó Jarrod el mes pasado?

5. ¿Cómo están relacionadas las cantidades?

6. Explica cómo resolver el problema.

Uniformes

El equipo de fútbol El Huracán de Stillwater tiene 16 jugadores. Cada jugador necesita un uniforme. El uniforme incluye dos camisetas, un par de pantalones cortos y un par de medias. La tabla muestra el precio de cada artículo por separado. Nueve jugadores usan talla mediana y los otros usan talla pequeña. Si el equipo compra más de 10 uniformes, el precio de cada uniforme es $56. ¿Cuánto dinero se ahorra el equipo si compra todos los uniformes juntos en vez de comprarlos por separado?

DATOS	Artículo	Precio
	Camiseta	$23
	Pantalones cortos	$17
	Par de medias	$8

1. **Razonar** ¿Cuáles son las cantidades del problema y cómo están relacionadas?

2. **Representar con modelos matemáticos** Usa el diagrama de barras para escribir una ecuación de suma y hallar el costo total de los uniformes cuando se compran por separado. Luego, halla el costo cuando se compran 10 o más uniformes juntos.

> Cuando entiendes y perseveras, piensas en las cantidades dadas.

u, costo de 1 uniforme

$	$	$	$

3. **Hacerlo con precisión** ¿Cuál es la diferencia entre el costo de comprar todos los uniformes juntos y el costo de comprarlos por separado?

Nombre _____

Emparéjalo

Trabaja con un compañero. Señala una pista y léela.

Mira la tabla de la parte de abajo de la página y busca la pareja de esa pista. Escribe la letra de la pista en la casilla que corresponde.

Halla una pareja para cada pista.

Puedo...
sumar y restar números enteros de varios dígitos.

También puedo crear argumentos matemáticos.

Pistas

A La diferencia está entre 950 y 1,000.

B La diferencia es exactamente 913.

C La suma está entre 600 y 700.

D La suma es exactamente 500.

E La diferencia está entre 700 y 800.

F La suma es mayor que 300 pero menor que 400.

G La suma es exactamente 753.

H La diferencia es exactamente 413.

571 + 54	425 − 12	485 + 15	283 + 38
672 + 81	818 − 93	994 − 24	986 − 73

Repaso del vocabulario

Glosario

Lista de palabras

- estimar
- factores
- matriz
- números compatibles
- producto
- producto parcial
- redondear
- variable

Comprender el vocabulario

1. Tacha los números que **NO** son factores de 12.

1   3   5   6   8

2. Tacha los números que **NO** son buenas estimaciones de 17×23.

600   400   300   200   100

3. Tacha los números que **NO** son productos parciales de 12×41.

2   10   18   80   400

Rotula los ejemplos con un término de la Lista de palabras.

4.

_____

5. n

_____

6. 2,318 al millar más cercano es 2,000.

_____

7. $3 \times 4 = \underline{12}$

_____

Usar el vocabulario al escribir

8. Alicia debe hallar 23×47. Usa al menos 3 términos de la Lista de palabras para explicar cómo Alicia puede hallar 23×47.

Grupo A | páginas 129 a 132 _____

Usa estrategias de valor de posición para hallar 20 × 80.

Piensa en el patrón.

20 × 80 = 2 decenas × 8 decenas
         = 16 centenas
         = 1,600

50 × 40 = (5 × 10) × (4 × 10)
         = (5 × 4) × (10 × 10)
         = 20 × 100
         = 2, 000

Recuerda que por cada cero que haya en los factores de una operación básica, habrá un cero en la respuesta.

Usa un patrón para hallar los productos.

1. 40 × 10   **2.** 60 × 20

3. 80 × 50   **4.** 30 × 90

5. 80 × 70   **6.** 60 × 60

7. 80 × 30   **8.** 20 × 50

Grupo B | páginas 133 a 136 _____

Usa una matriz o un modelo de área para multiplicar 20 × 14.

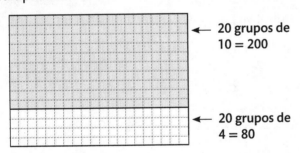

← 20 grupos de 10 = 200

← 20 grupos de 4 = 80

200 + 80 = 280

Por tanto, 20 × 14 = 280.

Recuerda que puedes dibujar matrices o modelos de área para representar las multiplicaciones.

Dibuja un modelo para hallar los productos.

1. 10 × 23   **2.** 16 × 20

Grupo C | páginas 137 a 140 _____

Usa números compatibles para estimar 28 × 19.

28 está cerca de 25.
19 está cerca de 20.

Si 25 × 2 = 50, entonces
25 × 20 = 500.

Por tanto, 28 × 19 es aproximadamente 500.

Recuerda que los números compatibles son números que son fáciles de calcular mentalmente.

Estima cada producto.

1. 29 × 31   **2.** 42 × 49

3. 73 × 18   **4.** 24 × 38

5. 19 × 31   **6.** 63 × 87

Halla 14 × 12. Dibuja una matriz de 14 × 12.

Separa cada factor en decenas y unidades.
Colorea cada sección con un color diferente.
Suma cada parte para hallar el producto.

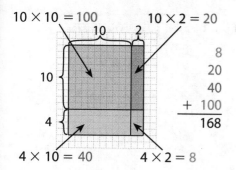

$10 \times 10 = 100$ $10 \times 2 = 20$

$4 \times 10 = 40$ $4 \times 2 = 8$

$$\begin{array}{r} 8 \\ 20 \\ 40 \\ + \ 100 \\ \hline 168 \end{array}$$

Recuerda que cuando descompones
una multiplicación, puedes resolver las
multiplicaciones más sencillas en cualquier orden
y la respuesta siempre será la misma.

1. 14 × 32   **2.** 64 × 12

3. 56 × 17   **4.** 72 × 15

5. 26 × 63   **6.** 47 × 27

7. 19 × 51   **8.** 12 × 56

9. 76 × 23   **10.** 84 × 37

11. 14 × 72   **12.** 21 × 51

Usa la propiedad distributiva para hallar 13 × 55.

13×55
$= (10 + 3) \times (50 + 5)$
$= (10 + 3) \times 50 + (10 + 3) \times 5$
$= (10 \times 50) + (3 \times 50) + (10 \times 5) + (3 \times 5)$
$= 500 + 150 + 50 + 15$
$= 715$

Recuerda que puedes descomponer los números
de más de una manera cuando usas la propiedad
distributiva para resolver multiplicaciones.

1. 12 × 19   **2.** 38 × 12

3. 19 × 25   **4.** 45 × 23

5. 62 × 11   **6.** 46 × 26

Piensa en tus respuestas a estas preguntas
para ayudarte a **entender** los problemas y
perseverar para resolverlos.

Hábitos de razonamiento

- ¿Qué necesito hallar?
- ¿Qué sé?
- ¿Cuál es mi plan para resolver el problema?
- ¿Qué más puedo intentar si no puedo seguir adelante?
- ¿Cómo puedo comprobar si mi solución tiene sentido?

Recuerda que debes usar la información dada
para resolver el problema.

Rose visitó 14 ciudades durante sus vacaciones.
Compró 8 recuerdos en cada ciudad para enviar
a sus amigos. Rose pagó $2 en sellos postales por
cada recuerdo que envió.

1. ¿Qué pregunta escondida necesitas
responder para hallar cuánto le costó a Rose
enviar todos los recuerdos?

2. ¿Cuánto gastó Rose?

Nombre _____

Práctica para la evaluación

1. Don trabaja 18 horas por semana. ¿Qué expresión muestra una buena manera de redondear para hacer una estimación de cuántas horas trabajará Don en 52 semanas?

Ⓐ 10×50

Ⓒ 20×50

Ⓑ 10×60

Ⓓ 18×60

2. Halla el producto de 21×40. Muestra tu trabajo.

3. El producto de dos factores es 2,000. Uno de los factores es 50. ¿Cuál es el otro factor?

Ⓐ 20

Ⓒ 200

Ⓑ 40

Ⓓ 400

4. Selecciona todas las expresiones que son iguales a 260.

☐ 23×10

☐ $20 \times 10 + 3 \times 10$

☐ 13×20

☐ $1 \times 20 + 3 \times 20$

☐ $10 \times 20 + 3 \times 20$

5. Un florista hace centros de mesa. Pone 18 rosas en cada uno. ¿Cuál es la mejor manera de usar números compatibles para estimar la cantidad de rosas que el florista necesita para 24 centros de mesa? ¿Cuál es la cantidad exacta de rosas?

Ⓐ $10 \times 25 = 250$; 360

Ⓑ $20 \times 25 = 500$; 432

Ⓒ $25 \times 30 = 750$; 672

Ⓓ $30 \times 30 = 900$; 784

6. Margo caminó 12 millas 13 veces el mes pasado. Caminó 14 millas 12 veces este mes.

A. Dibuja matrices o modelos de área para hallar la cantidad de millas que caminó Margo durante los últimos dos meses.

B. Escribe y resuelve ecuaciones para representar tus matrices o modelos de área.

7. Elizabeth hace collares. Cada collar tiene 16 cuentas. Completa la tabla con los números del recuadro.

50
90
160
480
1,440

Cantidad de collares	Cantidad de cuentas
10	
30	
	800

8. La tienda de plantas de Justine tiene 7 estantes. Cada estante tiene 18 plantas. Supón que agrega 2 estantes a la tienda. Escribe y resuelve las ecuaciones para hallar la cantidad de plantas que pueden ubicarse en todos los estantes. Asegúrate de que tu respuesta sea razonable.

9. El servicio de paisajismo de Jack cobra $78 por plantar un árbol. ¿Cuál es el costo total de plantar 18 árboles el martes y 23 árboles el miércoles? Escribe y resuelve ecuaciones.

10. ¿Cuál de las siguientes opciones usa las propiedades de las operaciones para hallar 27×14?

Ⓐ $20 + 7 + 10 + 4$

Ⓑ $20 \times 7 \times 10 \times 4$

Ⓒ $27 + 14$

Ⓓ $(20 + 7) \times (10 + 4)$

11. Lorin dibujó un modelo de área para hallar 19×15. Escribe el producto parcial de cada rectángulo en el modelo de área.

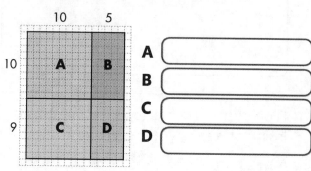

A
B
C
D

12. La pintura más grande en una muestra de arte mide 31 pulgadas de longitud y 28 pulgadas de ancho. La pintura más pequeña mide 14 pulgadas de longitud y 11 pulgadas de ancho. ¿Cuál es la diferencia entre las áreas de las dos pinturas? Usa ecuaciones para mostrar tu trabajo.

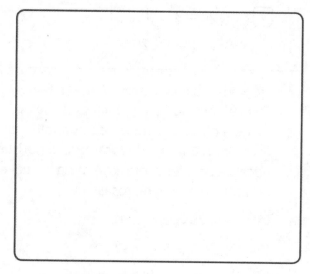

_____ pulgadas cuadradas

Nombre _____

Recaudación de fondos

Los estudiantes de cuarto grado de la Escuela Skyline vendieron velas para recaudar fondos. El dinero recaudado se usará para comprar juguetes para niños que viven en un hogar grupal. La tabla **Venta de velas para recaudar fondos** muestra cuántas velas vendió cada clase.

Las velas de cera de abeja se venden a $20 cada una. La clase recaudó $12 por cada vela vendida.

Las velas de soja se venden a $22 cada una. La clase recaudó $14 por cada vela vendida.

Venta de velas para recaudar fondos		
Maestro	**Cantidad vendida**	**Cantidad recaudada por cada vela**
Sr. Li	32	$12
Srta. Schmidt	25	$14
Srta. Picard	18	$14
Srta. Goldwasser	47	$12

1. ¿Aproximadamente cuánto dinero recaudaron los estudiantes de cuarto grado? Explícalo.

2. La secretaria de la escuela necesita saber exactamente cuánto dinero se recaudó.

Parte A

¿Cuánto dinero recaudó la clase de la Srta. Schmidt? Usa un modelo de área y productos parciales para hallar el producto.

Parte B

¿Cuánto dinero recaudó la clase de la Srta. Picard? Usa la propiedad distributiva para hallar el producto.

Parte C

¿Cuánto dinero recaudaron los estudiantes de cuarto grado? Explícalo.

Parte D

¿Es razonable la cantidad de dinero recaudada de la parte C, según la estimación que hiciste para el Ejercicio 1? Explícalo.

Los estudiantes de cuarto grado de la escuela Skyline decidieron comprar los juguetes que se muestran.

Compra de juguetes

• Compraron 68 juguetes en total.
• Compraron al menos 25 juguetes de cada tipo.
• No pueden gastar más dinero del que recaudaron.

3. ¿Qué cantidad de cada juguete se puede comprar siguiendo las instrucciones de la lista **Compra de juguetes**? Halla el costo total de las cantidades que escogiste.

Osito de peluche
$17

Patineta $28

Usar estrategias y propiedades para dividir por números de 1 dígito

Preguntas esenciales: ¿Cómo se puede usar el cálculo mental para dividir? ¿Cómo se estiman los cocientes? ¿Cómo se puede explicar cuáles son los pasos para dividir?

Recursos digitales

 Libro del estudiante

 Aprendizaje visual

 Práctica

 Evaluación

Herramientas

 A-Z Glosario

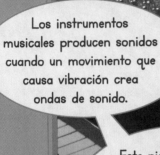

Los instrumentos musicales producen sonidos cuando un movimiento que causa vibración crea ondas de sonido.

Este piano usa una serie de teclas y martillos que golpean las cuerdas, las cuales producen diferentes notas según su longitud.

¡Los instrumentos musicales usan energía para producir sonidos de diferentes maneras! Este es un proyecto sobre la música y la división.

Proyecto de enVision STEM: La música y la división

Investigar Usa la Internet u otras fuentes para hallar un ejemplo de un instrumento de viento, un instrumento de metal, un instrumento de cuerda y un instrumento de percusión.

Diario: Escribir un informe Incluye lo que averiguaste. En tu informe, también:

- explica la manera en la que cada instrumento que investigaste usa energía para producir sonidos. Incluye información sobre cómo se producen los sonidos.

- explica cómo puedes dividir por 7 para hallar la cantidad de octavas en un piano con 52 teclas blancas. Ten en cuenta que una octava abarca 8 teclas y contiene 8 notas. La nota final de una octava da comienzo a la siguiente octava.

Repasa lo que sabes

A-Z Vocabulario

Escoge el mejor término del recuadro.
Escríbelo en el espacio en blanco.

- números compatibles
- división
- ecuación
- redondear
- variable

1. Una _____ usa el signo igual (=) para mostrar que dos expresiones tienen el mismo valor.

2. Una manera de estimar un producto es _____ cada factor.

3. Usas la _____ cuando hallas la cantidad de grupos iguales.

4. Los números que son fáciles de calcular mentalmente se llaman _____.

Operaciones de división

Halla los cocientes.

5. $27 \div 9$

6. $30 \div 5$

7. $32 \div 4$

8. $54 \div 9$

9. $28 \div 7$

10. $72 \div 9$

11. $56 \div 8$

12. $18 \div 3$

13. $15 \div 5$

Redondear

Redondea los números a la centena más cercana.

14. 864

15. 651

16. 348

17. 985

18. 451

19. 749

Usarás el redondeo o los números compatibles para estimar cocientes en este tema.

La división como repartición

20. **Entender y perseverar** Julio tiene 47 canicas. Se queda con sus dos canicas favoritas y reparte las canicas que le quedan por igual entre 5 amigos. ¿Cuántas canicas recibe cada amigo? Explícalo.

Nombre _____

PROYECTO 5A

¿Cuántos pasajeros trasportaban trenes como los que se encuentran en el Museo del Ferrocarril Gold Coast?

Proyecto: Haz un modelo de tren

PROYECTO 5B

¿Qué tan lejos migra un pez vela?

Proyecto: Haz un mapa de migración

PROYECTO 5C

¿Cuánta comida necesita un perro de aguas portugués?

Proyecto: Crea un folleto sobre los perros de aguas portugueses

Representación matemática

Atacando antojitos

Video

Antes de ver el video, piensa:

Los refrigerios saludables son buenos para ti. Los mejores refrigerios incluyen frutas y verduras y granos integrales. Me pregunto si con este pez puedo alimentar a mi gato.

Puedo...

representar con modelos matemáticos para resolver problemas que incluyen la estimación, el redondeo y el cálculo de números enteros.

Nombre _____

Resuélvelo y coméntalo

José tiene 270 tarjetas de *hockey* que quiere guardar en 9 cajas. Cada caja tiene capacidad para la misma cantidad de tarjetas. ¿Cuántas tarjetas debe guardar José en cada caja? *Resuelve este problema con la estrategia que prefieras.*

Puedo...
entender las cantidades y usar el cálculo mental y las estrategias de valor de posición para dividir.

También puedo buscar patrones para resolver problemas.

Puedes usar la estructura y la relación entre la multiplicación y la división. Una operación de multiplicación puede ayudarte a dividir.

¡Vuelve atrás! **Razonar** ¿Qué ecuación de multiplicación puede ayudarte a hallar cuántas tarjetas debe guardar José en cada caja?

Pregunta esencial

¿Cómo se puede dividir mentalmente?

A

El Sr. Díaz hizo un pedido de 1,800 crayones pastel. Quiere repartirlos por igual entre su clase y otras 5 clases de arte. ¿Cuántos crayones pastel recibirá cada clase?

Si el Sr. Díaz guarda los crayones pastel para que cada clase reciba nuevos crayones 5 veces al año, ¿cuántos crayones se entregarán a cada clase cada una de esas 5 veces?

1,800 crayones pastel

La división se usa para hallar grupos iguales.
Dividendo ÷ Divisor = Cociente

Puedes usar operaciones básicas de división y el valor de posición para dividir.

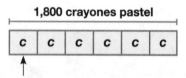

B Halla $1,800 \div 6$.

1,800 crayones pastel

c	c	c	c	c	c

crayones pastel para cada clase

La operación básica de división es $18 \div 6 = 3$.

18 centenas $\div 6 = 3$ centenas, es decir, 300.
$1,800 \div 6 = 300$

Cada clase recibirá 300 crayones pastel.

C Halla $300 \div 5$.

300 crayones pastel

c	c	c	c	c

↑

crayones pastel repartidos 5 veces

La operación básica de división es $30 \div 5 = 6$.

30 decenas $\div 5 = 6$ decenas, es decir, 60.
$300 \div 5 = 60$

Cada clase recibiría 60 crayones pastel 5 veces al año.

¡Convénceme! **Usar la estructura** Escribe los dividendos que faltan en cada una de las siguientes ecuaciones. ¿Cómo hallaste los dividendos?

_____ $\div 7 = 70$ _____ $\div 8 = 50$ _____ $\div 4 = 800$

Nombre _____

Resuélvelo y coméntalo

Tres amigos en una sala de videojuegos ganan un total de 248 boletos. Deciden repartir los boletos en cantidades iguales. ¿Aproximadamente cuántos boletos recibirá cada uno? *Resuelve este problema usando la estrategia que prefieras.*

Puedo...
usar números compatibles para estimar cocientes cuando divido con dividendos de 3 dígitos.

También puedo razonar sobre las matemáticas.

Puedes razonar para estimar cocientes calculando mentalmente. ¡Muestra tu trabajo en el espacio que sigue!

3, 6, 9, 12, 15

$600 \div 3 = 200$

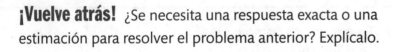

¡Vuelve atrás! ¿Se necesita una respuesta exacta o una estimación para resolver el problema anterior? Explícalo.

Aprendizaje visual A-Z Glosario

Pregunta esencial ¿Cómo se pueden estimar cocientes para resolver problemas?

Puente de aprendizaje visual

A

Max quiere hacer 9 pelotas de ligas con aproximadamente la misma cantidad de ligas en cada pelota. Max compró un frasco de 700 ligas. Haz una estimación para hallar cuántas ligas puede usar Max en cada pelota.

Max no necesita saber la cantidad exacta de ligas que usará en cada pelota. Solo necesita una estimación.

Hay más de una manera de estimar un cociente.

700 ligas

B **Usa números compatibles**

Estima $700 \div 9$.

¿Qué número cercano a 700 es fácil de dividir por 9?

Intenta con múltiplos de diez cercanos a 700.
710 no es fácil de dividir por 9.
720 es 72 decenas y se puede dividir por 9.
$720 \div 9 = 80$

Max puede usar aproximadamente 80 ligas en cada pelota.

C **Usa la multiplicación**

Estima $700 \div 9$.

¿9 por qué número es aproximadamente 700?

$9 \times 8 = 72$; por tanto, $9 \times 80 = 720$.
$700 \div 9$ es aproximadamente 80.

Max puede usar aproximadamente 80 ligas en cada pelota.

¡Convénceme! **Construir argumentos** ¿Qué números compatibles puedes usar para estimar $132 \div 6$? ¿Por qué redondear no es una buena manera de estimar $132 \div 6$?

Nombre _____

Resuélvelo y coméntalo
Jimi tiene 3,000 boletos para vender en la feria de la escuela. Separó los boletos en grupos de 8. ¿Aproximadamente cuántos grupos hizo Jimi? *Resuelve este problema usando la estrategia que prefieras.*

Puedes razonar y usar números compatibles para hacer una estimación. Dividir con números compatibles hace que sea más fácil hacer una estimación.

Puedo...
estimar cocientes de dividendos de 4 dígitos.

También puedo razonar sobre las matemáticas.

¡Vuelve atrás! **Razonar** ¿Qué operación básica usaste para resolver el problema anterior?

Pregunta esencial ¿Cómo se pueden estimar cocientes usando patrones y el valor de posición?

A

Durante el día "Limpia tu ciudad", 1,320 voluntarios se ofrecieron a limpiar los parques de Springville. Los voluntarios se dividieron en equipos con la misma cantidad de personas para limpiar cada parque. ¿Aproximadamente cuántas personas había en cada equipo?

La multiplicación y la división están relacionadas. Multiplicar mentalmente por decenas o centenas te puede ayudar a estimar el cociente de una división de varios dígitos.

Parques de Springville

Parque Cove · Parque Garfield · Parque Turtle · Parque John's · Parque Big Oak · Parque Roosevelt

B Usa patrones de multiplicación

Estima $1,320 \div 6$.

¿6 por qué número es aproximadamente 1,320?

Sabes que $6 \times 2 = 12$ y
$6 \times 20 = 120$; por tanto,
$6 \times 200 = 1,200$.

1,200 está cerca de 1,320.

Hay aproximadamente 200 personas en cada equipo.

C Usa operaciones de división y patrones del valor de posición

Halla números compatibles para estimar $1,320 \div 6$.

Sabes que $12 \div 6 = 2$ y
$120 \div 6 = 20$; por tanto,
$1,200 \div 6 = 200$.

$1,320 \div 6$ es aproximadamente 200.

Hay aproximadamente 200 personas en cada equipo.

¡Convénceme! **Construir argumentos** Completa los cálculos de la derecha. Explica cómo puedes usarlos para estimar $1,296 \div 4$.

$4 \times 100 = $ _____

$4 \times 200 = $ _____

$4 \times 300 = $ _____

$4 \times 400 = $ _____

Nombre _____

Resuélvelo y coméntalo

47 estudiantes se van de excursión. Los estudiantes viajan en carros conducidos por adultos voluntarios a una obra de teatro. Cada conductor puede llevar como máximo 4 estudiantes. ¿Cuántos carros se necesitan para la excursión? ¿Tendrá cada carro cuatro estudiantes? Usa fichas o haz dibujos para resolver este problema. Explica cómo hallaste tu respuesta.

Puedo...
aplicar lo que sé sobre dividir objetos en grupos iguales para resolver problemas.

También puedo crear argumentos matemáticos.

Puedes hacer un dibujo para representar con modelos matemáticos. ¡Muestra tu trabajo en el espacio que sigue!

¡Vuelve atrás! Supón que solo hay 46 estudiantes. ¿Cambiaría la cantidad de carros que se necesitan para hacer la excursión? Explícalo.

¿Qué debes hacer con el residuo cuando terminas de dividir?

A

Cuando divides con números enteros, todo número entero que queda después de terminar la división se llama residuo.

Ned tiene 27 tarjetas de fútbol en un álbum. Pone 6 tarjetas en cada página. Ned sabe que $27 \div 6 = 4$ y sobran 3, porque $6 \times 4 = 24$, y $24 + 3 = 27$.

Usa una R para representar el residuo: $27 \div 6 = 4\ R3$.

¿Cómo se usa el residuo para responder preguntas sobre la división?

El residuo debe ser menor que el divisor.

B
¿Cuántas páginas llenó Ned?

Para responder a la pregunta, halla cuántos grupos de 6 hay. El residuo se puede ignorar.

3

páginas.

C
¿En cuántas páginas trabajó Ned?

Para responder a la pregunta, halla cuántos grupos de 6 están completos o empezados. Como hay un residuo, suma 1 al cociente.

$27 \div 6 = 4\ R3$

Ned trabajó en 5 páginas.

D
¿Cuántas tarjetas puso Ned en la quinta página?

La respuesta a esta pregunta es el residuo.

$27 \div 6 = 4\ R3$

Ned puso 3 tarjetas en la quinta página.

¡Convénceme! **Evaluar el razonamiento** El cálculo que está a la derecha es incorrecto. ¿Cuál es el error? ¿Cuál es la respuesta correcta?

$45 \div 6 = 6\ R9$

Nombre _____

Resuélvelo y coméntalo En el comedero para aves de Sally caben 6 tazas de alimento para aves. ¿Cuántas veces se puede llenar el comedero de Sally con una bolsa de 72 tazas de alimento para aves? Usa fichas y haz dibujos para resolver este problema. Explica cómo hallaste tu respuesta.

Puedo...
dividir pensando en la multiplicación, la estimación, las propiedades y el valor de posición.

También puedo razonar sobre las matemáticas.

Puedes pensar en cuántas veces puedes quitar grupos de seis de la cantidad original.

Alimento para aves
72 tazas

¡Vuelve atrás! **Razonar** ¿Cómo puedes comprobar tu respuesta con una multiplicación?

Pregunta esencial ¿Cómo se pueden usar los cocientes parciales para resolver problemas de división?

A

Hay 3 asientos en cada fila de un avión de pasajeros. Si 63 personas viajarán en el avión, ¿cuántas filas de asientos se necesitan para todos los pasajeros?

¿Cuántos grupos de 3 fichas se pueden quitar de 63?

63 fichas

 Este diagrama de barras muestra el problema, en el que *f* equivale a la cantidad de filas.

Puedes dividir hallando cocientes parciales hasta que quede un residuo o no quede nada.

63 personas

| 3 | *f* → |

↑
personas en cada fila

B **Una manera**

$$
\begin{array}{r}
1 \\
10 \\
10
\end{array}\Bigg\} \; 21
$$
10, 10 y 1 son cocientes parciales.

$$
\begin{array}{r}
3\overline{)63} \\
-30 \\
\hline
33 \\
-30 \\
\hline
3 \\
-3 \\
\hline
0
\end{array}
$$

Haz una estimación: ¿Cuántos grupos de 3 hay en 63? Intenta con 10.
10 grupos de 3 son 30. 63 − 30 = 33
Haz una estimación: ¿Cuántos grupos de 3 hay en 33? Intenta con 10.
10 grupos de 3 son 30. 33 − 30 = 3
¿Cuántos grupos de 3 hay en 3? 1
1 grupo de 3 es 3. 3 − 3 = 0

Hay 21 grupos de 3 en 63.

Se necesitan 21 filas de asientos.

C **Otra manera**

A veces puedes hacer una primera estimación diferente.

$$
\begin{array}{r}
1 \\
20
\end{array}\Bigg\} \; 21
$$
20 y 1 son cocientes parciales.

$$
\begin{array}{r}
3\overline{)63} \\
-60 \\
\hline
3 \\
-3 \\
\hline
0
\end{array}
$$

Haz una estimación: ¿Cuántos grupos de 3 hay en 63? Intenta con 20.
20 grupos de 3 son 60. 63 − 60 = 3
Haz una estimación: ¿Cuántos grupos de 3 hay en 3? 1
1 grupos de 3 son 3. 3 − 3 = 0

Hay 21 grupos de 3 en 63.

Se necesitan 21 filas de asientos.

¡Convénceme! **Usar la estructura** ¿Cómo puedes usar la relación entre la multiplicación y la división para comprobar tu respuesta?

Otro ejemplo

Descompón 69 usando el valor de posición. Usa la propiedad distributiva para mostrar 69 ÷ 3.

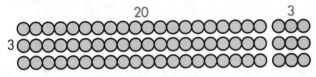

20   3

3

60 + 9 = 69

$$69 \div 3 = (60 + 9) \div 3$$
$$= (60 \div 3) + (9 \div 3)$$
$$= 20 + 3$$
$$= 23$$

☆Práctica guiada

¿Lo entiendes?

1. Harry usó el siguiente modelo para hallar 84 ÷ 4. Usa la propiedad distributiva para mostrar por qué funciona la estrategia de Harry.

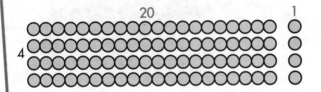

20   1

4

¿Cómo hacerlo?

Para **2** y **3**, usa cocientes parciales para dividir. Usa fichas o haz un dibujo si es necesario.

2. ¿Cuántos grupos de 4 hay en 48?

4)48

3. ¿Cuántos grupos de 6 hay en 78?

6)78

☆Práctica independiente☆

Para **4** a **9**, us~~a coc~~ientes parciales para dividir. Puedes usar fichas o hacer un dibujo como ayuda.

4. ¿Cuántos grupos de 6 hay ~~en~~

90 ÷ 6

5. ¿Cuántos grupos de 5 hay en 85?

85 ÷ 5

6. 2)78   7. 3)88   8. 2)84   9. 3)57

Resolución de problemas

10. Representar con modelos matemáticos
Una colección de 64 calcomanías está ordenada en 4 pilas iguales. ¿Cuántas calcomanías hay en cada pila? Usa el diagrama de barras para escribir y resolver una ecuación.

64 calcomanías

c	c	c	c

↑ **calcomanías en cada pila**

---

11. Una chef hornea galletas para 3 fiestas. Para cada fiesta, la chef usa la misma cantidad de huevos. Hay 2 docenas de huevos. ¿Cuál es la mayor cantidad de huevos que puede usar la chef para cada fiesta?

12. Muestra cómo usar la propiedad distributiva para dividir 54 por 2 descomponiendo 54 en $40 + 14$.

---

13. Razonamiento de orden superior Amanda quiere poner algunos libros en 4 estantes de 6 libros cada uno y el resto en 6 estantes de 3 libros cada uno. ¿Puede Amanda ordenar los libros de esa manera? Explícalo.

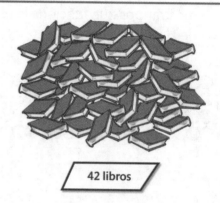

42 libros

---

14. Selecciona todas las combinaciones correctas de cocientes parciales que se pueden usar para hallar $96 \div 3$.

☐ 30, 2

☐ 30, 10, 2

☐ 10, 10, 10, 2

☐ 10, 10, 10, 6

☐ 20, 10, 2

15. Usa la propiedad distributiva para hallar $84 \div 7$. ¿Cuál es el número que falta?

$$84 \div 7 = (70 + \square) \div 7$$
$$= (70 \div 7) + (\square \div 7)$$
$$= 10 + 2$$
$$= 12$$

Ⓐ 4

Ⓑ 14

Ⓒ 24

Ⓓ 34

Nombre _____

Resuélvelo y coméntalo   La nueva sala de lectura de la biblioteca tiene 9 pies de longitud. Está dividida en un área de lectura y un área de informes. El área total es 153 pies cuadrados. ¿Cuál es el ancho total de la nueva sala de lectura? Usa el modelo para ayudarte a resolver el problema. *Resuelve este problema usando la estrategia que prefieras.*

Puedo...
dividir pensando en la multiplicación, la estimación y el valor de posición.

También puedo razonar sobre las matemáticas.

	10 pies	p pies
9 pies	Área de lectura	Área de informes

Puedes usar lo que sabes sobre el valor de posición y la relación entre la multiplicación y la división como ayuda para resolver el problema.

¡Vuelve atrás! **Razonar** Si el área de la sala de lectura es 216 pies cuadrados y la longitud sigue siendo 9 pies, ¿el ancho será mayor o menor que 20? Explícalo.

Pregunta esencial ¿Cómo se pueden usar los cocientes parciales para dividir dividendos más grandes?

A

Un total de 277 personas se inscribieron en las pruebas para un concurso de talentos. Se llamó a cinco personas para una entrevista grupal. ¿Cuántas entrevistas grupales se necesitaron para probar a 277 personas?

Puedes hacer una estimación y usar cocientes parciales para dividir.

PRUEBAS PARA CONCURSO DE TALENTOS

Sala de entrevistas

Hay 5 personas en cada entrevista grupal.

B

Halla $277 \div 5$.

¿Cuántos grupos de 5 hay en 277?

Haz una estimación:
$40 \times 5 = 200$
$50 \times 5 = 250$
$60 \times 5 = 300$
60 es demasiado.
Hay al menos cincuenta grupos de 5 en 277.

$$\begin{array}{r} 50 \\ 5)\overline{277} \\ -250 \\ \hline 27 \end{array}$$

50	n
250	27

5 (a la izquierda)

C

¿Cuántos grupos de 5 hay en 27?

Haz una estimación:
$5 \times 5 = 25$
$6 \times 5 = 30$
6 es demasiado.
Hay al menos cinco grupos de 5 en 27.

$$\begin{array}{r} 5 \\ 50 \end{array}\Big\}55$$
$$\begin{array}{r} 5)\overline{277} \\ -250 \\ \hline 27 \\ -25 \\ \hline 2 \end{array}$$

50	5
250	25

5 (a la izquierda)

D

No hay más grupos de 5 en 277.

$277 \div 5 = 55$ R2

Se realizaron 55 entrevistas con 5 personas en cada grupo. Quedaron dos personas. Se necesitaron un total de 56 entrevistas grupales para probar a 277 personas.

¡Divide hasta que el residuo sea menor que el divisor!

¡Convénceme! **Usar la estructura** ¿Cómo puedes usar la multiplicación y la suma para comprobar la respuesta anterior?

Otro ejemplo

Halla $1{,}968 \div 6$.

	300	20	8
6	1,800	120	48

$1{,}968 \div 6 = 328$

$$
\begin{array}{r}
8 \\
20 \\
300 \\
\hline
6\overline{)1{,}968} \\
-1{,}800 \\
\hline
168 \\
-120 \\
\hline
48 \\
-48 \\
\hline
0
\end{array}
$$

$\left.\begin{array}{r} 8 \\ 20 \\ 300 \end{array}\right\} 328$

Hay al menos trescientos grupos de 6 en 1,968.

Hay al menos veinte grupos de 6 en 168.

Hay ocho grupos de 6 en 48.

Puedes usar la multiplicación, la estimación y el valor de posición como ayuda para resolver divisiones.

☆ Práctica guiada

¿Lo entiendes?

1. Hilary tiene 254 fichas para usar en los juegos de Pizzamanía. Hilary quiere usar la misma cantidad de fichas en cada una de las 3 visitas que tiene planeadas. ¿Podrá Hillary usar la misma cantidad de fichas para cada visita?

¿Cómo hacerlo?

Para **2** y **3**, usa cocientes parciales para dividir.

2. ¿Cuántos grupos de 4 hay en 6,787?
   $6{,}787 \div 4$

3. ¿Cuántos grupos de 5 hay en 6,209?
   $6{,}209 \div 5$

☆ Práctica independiente

Para **4** a **11**, usa cocientes parciales para dividir.

4. $9\overline{)153}$

5. $8\overline{)450}$

6. $3\overline{)2{,}826}$

7. $7\overline{)9{,}428}$

8. $7\overline{)4{,}318}$

9. $4\overline{)8{,}457}$

10. $8\overline{)5{,}699}$

11. $3\overline{)4{,}567}$

Resolución de problemas

12. En una feria estatal, tres clases de cuarto grado se ofrecieron para limpiar la basura. En total, recogieron 1,281 libras de basura. Si cada clase recogió la misma cantidad, ¿cuántas libras de basura recogió cada clase?

13. enVision® STEM Un carro eléctrico puede recorrer 4 millas con un kilovatio-hora de electricidad. ¿Cuántos kilovatios-hora de electricidad se necesitarían para que Shawn vaya en su carro eléctrico hasta la casa de su abuela y vuelva a su casa? Shawn vive a 156 millas de la casa de su abuela.

Para **14** y **15**, usa la tabla de la derecha.

14. Sentido numérico Haz una estimación para hallar el material que les permite a los estudiantes hacer la menor cantidad de vinchas.

> Para cada vincha, los estudiantes necesitan 7 cuentas, 9 pulgadas de cinta y 3 botones.

15. Razonamiento de orden superior ¿Cuántas vinchas pueden hacer los estudiantes? Explícalo.

DATOS	Material	Cantidad disponible en la escuela
	Cuentas	6,437
	Botones	3,636
	Cinta	3,870 pulgadas

Práctica para la evaluación

16. Selecciona todas las combinaciones correctas de cocientes parciales y un residuo que pueda usarse para hallar 4,567 ÷ 7.

- ☐ 600; 50; 2
- ☐ 500; 10; 50; R3
- ☐ 500; 100; 50; 2; R3
- ☐ 600; 50; R17
- ☐ 600; 50; 2; R3

17. ¿Cuál es el cociente?
3,858 ÷ 8

- Ⓐ 4,082 R2
- Ⓑ 472 R2
- Ⓒ 482 R2
- Ⓓ 481 R8

Nombre _____

Resuélvelo y coméntalo

Una clase recolectó $238 para ser distribuidos en cantidades iguales entre dos obras benéficas. ¿Cuánto dinero recibirá cada obra benéfica? Usa objetos o haz un dibujo para resolver este problema. Explica cómo hallaste tu respuesta.

Puedo...
clasificar objetos en grupos de igual tamaño para dividir.

También puedo escoger y usar una herramienta matemática para resolver problemas.

Usar herramientas apropiadas, como bloques de valor de posición, dibujos o dinero, puede ayudarte a dividir. ¿Qué herramienta te resulta más fácil de usar?

¡Vuelve atrás! ¿Cuándo podrías necesitar dividir algo en grupos iguales en la vida diaria?

Pregunta esencial ¿Cómo puede ayudar a dividir el valor de posición?

Puente de aprendizaje visual

A

El club de manualidades hizo 375 llaveros. Vendieron 137 llaveros en la feria de la escuela. El resto debe guardarse en 2 cajas con la misma cantidad de llaveros en cada caja. ¿Cuántos llaveros habrá en cada caja?

375 llaveros

Primero, resta para hallar cuántos llaveros hay que guardar.

$$375 - 137 = 238$$

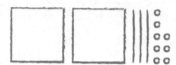

Puedes usar bloques de valor de posición o dibujar centenas, decenas y unidades para mostrar 238. Luego, divide.

B Halla $238 \div 2$.

Divide las centenas en dos grupos iguales.

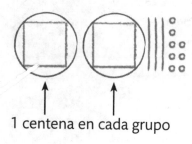

1 centena en cada grupo

C Divide las decenas en dos grupos iguales.

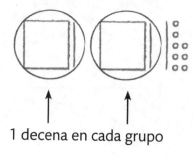

1 decena en cada grupo

D Desarma 1 decena para tener 10 unidades. Divide las 18 unidades en dos grupos iguales.

Habrá 119 llaveros en cada caja.

¡Convénceme! **Usar herramientas apropiadas** Explica cómo dividirías en cantidades iguales el dinero de la ilustración entre 4 personas usando solamente billetes de $10 y de $1.

Otro ejemplo

Halla $55 \div 4$.

Divide las decenas en cantidades iguales en 4 grupos. Reagrupa 1 decena como 10 unidades y luego divide las unidades en 4 grupos iguales.

Sobran 3 unidades.

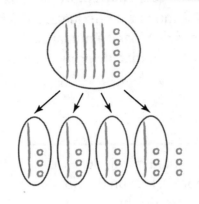

$55 \div 4 = 13 \text{ R}3$

☆Práctica guiada

¿Lo entiendes?

1. Haz un dibujo para explicar por qué $423 \div 3 = 141$.

2. La maestra de arte exhibió 48 dibujos en 3 paredes. Si cada pared tenía la misma cantidad de dibujos, ¿cuántos dibujos había en cada pared?

¿Cómo hacerlo?

Para **3** y **4**, indica cuántos hay en cada grupo y cuántos sobran. Usa los bloques de valor de posición o haz dibujos si es necesario.

3. 176 revistas divididas en cantidades iguales en 5 cajas

4. 56 canicas divididas en cantidades iguales en 3 bolsas

☆Práctica independiente☆

Para **5** a **8**, usa bloques de valor de posición o un dibujo para dividir. Anota los residuos.

5. $71 \div$ _____ = _____ R2

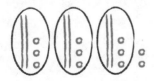

6. _____ $= 176 \div$ _____

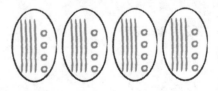

7. $46 \div 3$

8. $65 \div 4$

Resolución de problemas

9. **Representar con modelos matemáticos** Una compañía de 65 empleados se mudará a otro lugar. Los empleados se dividen en grupos de 5 para la mudanza. Escribe una ecuación y halla *g*, la cantidad de grupos que habrá en la mudanza.

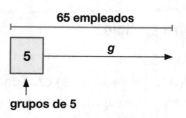

65 empleados

5   *g*

grupos de 5

---

10. Maya usó un dibujo para dividir 86. Hizo grupos de 17 y sobró 1. Haz un dibujo para determinar cuántos grupos hizo Maya.

11. **Sentido numérico** Un museo de ciencias tiene 2,400 gemas exhibidas en cantidades iguales en 3 estuches. ¿Cuántas gemas hay en cada estuche? ¿Qué operación básica usaste para hallar el cociente?

---

12. El Sr. Harold tiene 268 libros en 4 estantes en la biblioteca de la clase. Tiene la misma cantidad de libros en cada estante. Para hallar la cantidad de libros que hay en cada estante, el Sr. Harold dividió 268 por 4. ¿Cuántos libros hay en cada estante?

13. **Razonamiento de orden superior** Cinco clases de cuarto grado de una escuela primaria hicieron una excursión al Capitolio de los Estados Unidos. Había 25 estudiantes por clase. En el Capitolio, se permite un máximo de 40 estudiantes por visita. ¿Cuál fue la menor cantidad de visitas necesarias para que todos los estudiantes hicieran una visita?

✓ Práctica para la evaluación

14. ¿Qué ecuación de división está representada en el siguiente dibujo?

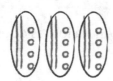

Ⓐ $72 \div 6 = 12$

Ⓑ $62 \div 3 = 24$

Ⓒ $64 \div 3 = 24$

Ⓓ $72 \div 3 = 24$

15. ¿Cuál es el divisor que falta?

$2,244 \div n = 374$

Ⓐ 3

Ⓑ 4

Ⓒ 6

Ⓓ 7

Nombre _____

Resuélvelo y coméntalo

Sara trabaja como voluntaria en un centro de reciclado de ropa. Guarda camisetas en cajas para exhibirlas. Guarda la misma cantidad de camisetas en 3 cajas. ¿Cuántas camisetas guarda Sara en cada caja? Guarda en 2 cajas la misma cantidad de pantalones cortos en cada una. ¿Cuántos pares de pantalones cortos guarda Sara en cada caja?

Puedo...
usar el valor de posición y la repartición para dividir.

También puedo hacer mi trabajo con precisión.

Hazlo con precisión. Puedes usar símbolos, signos, números o dibujos como ayuda. ¡Muestra tu trabajo en el espacio que sigue!

DATOS		Camisetas lisas	Camisetas rayadas	Pantalones cortos
	Cantidad para guardar	34	48	45

¡Vuelve atrás! Explica cómo puedes estimar respuestas para los problemas anteriores.

¿Cómo se puede anotar la división con un divisor de 1 dígito?

A

Helen tiene 55 tarjetas postales. Como proyecto de arte, planea pegar la misma cantidad de tarjetas postales en 4 cartulinas gruesas. ¿Cuántas tarjetas postales puede pegar Helen en cada cartulina gruesa?

 Puedes usar bloques de valor de posición para resolver el problema.

B Divide las decenas.

Haz una estimación: 55 ÷ 4 está cerca de 60 ÷ 4 = 15.

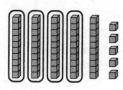

Piensa: 5 decenas divididas en 4 grupos iguales.

$$\begin{array}{r} 1 \\ 4\overline{)55} \\ -40 \\ \hline 15 \end{array}$$

Hay una decena en cada grupo y 1 decena y 5 unidades sobrantes.

C Divide las unidades.

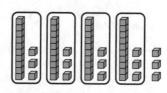

Cambia la decena adicional por 10 unidades. 1 decena y 5 unidades son 15 unidades. Piensa: 15 decenas divididas en 4 grupos iguales.

$$\begin{array}{r} 13 \text{R3} \\ 4\overline{)55} \\ -40 \\ \hline 15 \\ -12 \\ \hline 3 \end{array}$$

Hay 3 unidades en cada grupo y 3 unidades que sobran.

Helen puede pegar 13 tarjetas postales en cada cartulina gruesa. Este cociente es razonable, porque está cerca de la estimación de 15.

¡Convénceme! **Razonar** ¿Qué significa el residuo en el problema anterior?

Práctica Herramientas Evaluación

Otro ejemplo

Halla 135 ÷ 2.

Haz una estimación:
135 ÷ 2 es aproximadamente
140 ÷ 2 = 70.

Lo que muestras

- Reagrupa 1 centena como 10 decenas.

- Divide 12 de las 13 decenas en 2 grupos iguales.

- Reagrupa 1 decena sobrante en 10 unidades. Luego, divide 14 de las 15 unidades en 2 grupos iguales.

El residuo es 1.

Cómo lo anotas

$$\begin{array}{r} 67 \text{ R1} \\ 2\overline{)135} \\ -120 \\ \hline 15 \\ -14 \\ \hline 1 \end{array}$$

13 decenas divididas en 2 grupos iguales 6 decenas en cada grupo
15 decenas divididas en 2 grupos iguales con 7 en cada grupo. Un residuo de 1.

El cociente 67 R1 es razonable, porque está cerca de la estimación de 70.

☆ Práctica guiada

¿Lo entiendes?

1. Explica cómo pueden ayudarte a dividir los bloques de valor de posición.

¿Cómo hacerlo?

Para **2** y **3**, haz una estimación y luego halla el cociente. Usa bloques de valor de posición o haz dibujos si es necesario.

2. $5\overline{)82}$

3. $7\overline{)659}$

☆ Práctica independiente ☆

Para **4** a **11**, halla los cocientes. Usa bloques de valor de posición o haz dibujos si es necesario.

4. $3\overline{)78}$

5. $3\overline{)86}$

6. $8\overline{)417}$

7. $4\overline{)93}$

8. $8\overline{)526}$

9. $7\overline{)88}$

10. $3\overline{)761}$

11. $6\overline{)96}$

Resolución de problemas

12. Algunos de los cristales de selenita más altos de una caverna en Chihuahua, México, miden 40 pies de altura. Nathan mide 4 pies. ¿Aproximadamente cuántas veces la altura de Nathan es la altura de los cristales más altos?

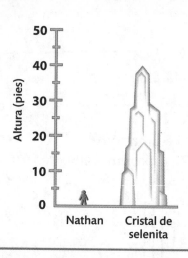

13. Representar con modelos matemáticos El transbordador que une Galveston con Port Bolivar lleva carros por la bahía Galveston. Un día, el transbordador llevó un total de 350 carros en un período de 5 horas. El transbordador llevó la misma cantidad de carros cada hora. ¿Cuántos carros llevó el transbordador por hora? Completa el diagrama de barra para ayudarte.

_____ carros

14. Zelda tiene un corte de tela que mide 74 pulgadas de longitud. Quiere dividirlo en 2 partes iguales. ¿Cuál es la longitud de cada parte?

15. Razonamiento de orden superior Maggie prepara una mezcla de nueces y frutas secas. Hace 4 tandas con la receta de la derecha. Maggie divide las tandas en 3 bolsas del mismo tamaño. ¿Cuántas onzas hay en cada bolsa?

DATOS	Mezcla de nueces y frutas secas	
	Granola	8 oz
	Nueces	5 oz
	Pasas	2 oz
	Arándanos rojos	3 oz

Práctica para la evaluación

16. Halla el cociente.

7)784

- Ⓐ 112
- Ⓑ 114
- Ⓒ 121
- Ⓓ 122

17. Halla el cociente.

60 ÷ 5

- Ⓐ 10
- Ⓑ 12
- Ⓒ 25
- Ⓓ 55

Nombre _____

Resuélvelo y coméntalo

Escoge una estrategia para resolver cada problema. Explica tus soluciones.

Problema 1

Hay 135 estudiantes de cuarto grado. En cada mesa caben 6 estudiantes. ¿Cuántas mesas se necesitan para que se sienten todos los estudiantes de cuarto grado?

Problema 2

El estadio de fútbol americano de una escuela secundaria tiene 5 secciones. Cada sección tiene capacidad para la misma cantidad de personas. En el estadio caben 1,950 personas. ¿Cuántas personas caben en cada sección?

Puedo...
seguir una serie de pasos que descomponen la división en cálculos más sencillos.

También puedo razonar sobre las matemáticas.

Puedes razonar y hacer estimaciones para ver si las respuestas son razonables. ¡Muestra tu trabajo en el espacio que sigue!

¡Vuelve atrás! **Buscar relaciones** ¿Alguno de los problemas anteriores se puede resolver con fluidez si calculas mentalmente?

Pregunta esencial

¿Cómo escoges una estrategia para dividir?

A

¿Qué estrategia debería usar para resolver los siguientes problemas?

 Piensa en qué estrategia puedes usar para resolver este problema.

DATOS	Días de partido la semana pasada	Cantidad de *hot dogs* vendidos
	Sábado	834
	Domingo	216
	Lunes	75

B

¿Cuántos paquetes de *hot dogs* se usaron el sábado?

Piensa: Puedo usar cocientes parciales.

$$\begin{array}{r} 4 \\ 100 \end{array} \Big\} \; 104$$

$$8\overline{)834}$$
$$-\,800$$
$$\overline{34}$$
$$-\,32$$
$$\overline{2}$$

Hay al menos cien grupos de 8 en 834.

Hay cuatro grupos de 8 en 34.

Se usaron 105 paquetes de *hot dogs* el sábado.

C

El domingo, los 3 puestos de comida vendieron la misma cantidad de hot dogs. ¿Cuántos *hot dogs* vendió cada puesto?

Piensa: Puedo descomponer 216 y dividir mentalmente.

$$216 \div 3 = (210 + 6) \div 3$$
$$= (210 \div 3) + (6 \div 3)$$
$$= 70 + 2$$
$$= 72$$

Cada puesto vendió 72 *hot dogs*.

 Puedes usar la propiedad distributiva.

¡Convénceme! **Razonar** ¿Cómo decides cuál es el mejor método para usar?

Otro ejemplo

Se vendieron solo 75 galletas el lunes, martes y jueves. Se vendió la misma cantidad de galletas cada día. ¿Cuántas galletas se vendieron cada día?

$75 \div 3 = g$

 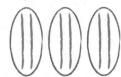 

$$\begin{array}{r} 25 \\ 3\overline{)75} \\ -60 \\ \hline 15 \\ -15 \\ \hline 0 \end{array}$$

7 decenas divididas en 3 grupos iguales. 2 decenas en cada grupo. Reagrupo 1 decena como 10 unidades. Ahora hay 15 unidades. 15 unidades divididas en 3 grupos iguales. 5 en cada grupo.

Se vendieron 25 galletas cada día.

⭐ Práctica guiada

¿Lo entiendes?

1. El cociente estimado de Vickie es 80. El cociente real que calculó es 48. ¿El cociente real es razonable? Explícalo.

¿Cómo hacerlo?

Para **2** y **3**, divide.

2. $9\overline{)2,871}$

3. $4\overline{)468}$

⭐ Práctica independiente

Para **4** a **11**, divide.

Puedes usar diferentes estrategias para dividir.

4. $8\overline{)3,288}$

5. $5\overline{)247}$

6. $6\overline{)1,380}$

7. $5\overline{)3,980}$

8. $6\overline{)367}$

9. $3\overline{)3,582}$

10. $4\overline{)756}$

11. $6\overline{)999}$

Resolución de problemas

12. Una familia de cuatro personas fue en carro de San Francisco a Nueva York. Manejaron la misma cantidad de millas por día durante 6 días. ¿Cuántas millas manejaron por día? ¿Cómo se puede interpretar el residuo?

San Francisco

2,906 millas

Nueva York

13. Sin dividir, ¿cómo puedes decir si el cociente de 5,873 ÷ 8 es mayor que 700? Explica si el cociente es menor que 800.

14. Razonar Un grupo de contradanza está formado por 4 parejas (8 bailarines). Hay 150 personas en una contradanza. ¿Cuál es la mayor cantidad posible de grupos de contradanza? Describe los pasos que darías para resolver este problema.

15. Razonamiento de orden superior ¿Qué método es mejor para hallar cocientes de problemas de división: redondear o usar números compatibles? Explícalo.

16. La tienda de llantas de Ron tiene 1,767 llantas para camiones pesados. Cada camión pesado necesita 6 llantas. ¿Cuántos camiones pesados pueden obtener llantas en la tienda de Ron?

✓ Práctica para la evaluación

17. Selecciona todas las ecuaciones correctas.

☐ 565 ÷ 8 = 70 R5

☐ 3,613 ÷ 6 = 600 R13

☐ 3,288 ÷ 4 = 822

☐ 218 ÷ 3 = 72 R2

☐ 6,379 ÷ 7 = 911

18. Halla 6,357 ÷ 8.

Ⓐ 814 R1

Ⓑ 794 R5

Ⓒ 794 R1

Ⓓ 784

Nombre _____

Resuélvelo y coméntalo

Allen se puso la meta de hacer al menos 120 minutos de actividades al aire libre todos los días, de lunes a viernes. Hizo una lista de las actividades y el tiempo que les dedica cada semana. A cada actividad le dedica el mismo tiempo por día. ¿Allen dedica el tiempo suficiente a las actividades al aire libre para llegar a su meta? ¿Qué operación puedes usar para resolver este problema?

Puedo...
usar un dibujo, un diagrama o una tabla para representar un problema.

También puedo usar la división para resolver problemas.

DATOS

Actividad	Tiempo por semana, en minutos
Fútbol	200
Bicicleta	150
Caminar	300
Correr	75

Hábitos de razonamiento

¡Razona correctamente! Estas preguntas te pueden ayudar.

- ¿Cómo puedo usar lo que sé de matemáticas para resolver este problema?

- ¿Cómo puedo usar dibujos, objetos y ecuaciones para representar el problema?

- ¿Cómo puedo usar números, palabras, signos y símbolos para resolver este problema?

¡Vuelve atrás! **Representar con modelos matemáticos**
¿Qué pregunta escondida debes responder antes de poder determinar si Allen llega a su meta? ¿Qué operación puedes usar para hallar la respuesta a esta pregunta escondida y a la pregunta original? Explícalo.

Pregunta esencial

¿Cómo puedes aplicar lo que sabes de matemáticas para resolver problemas?

A

Una clase hace decoraciones usando pajillas del mismo tamaño. Usan las pajillas para hacer triángulos, cuadrados, pentágonos y hexágonos. Cada grupo de polígonos que tienen la misma cantidad de lados se hace con un paquete de pajillas. ¿Cuántas decoraciones puede hacer la clase?

1,500 pajillas de papel

¿Qué operación se puede usar para resolver el problema?

Hay que dividir para hallar cuántas decoraciones se pueden hacer con un paquete de pajillas.

B **¿Cómo puedo representar con modelos matemáticos?**

Puedo

- usar los conceptos y las destrezas aprendidos anteriormente.

- hallar las preguntas escondidas y responderlas.

- decidir si mis resultados tienen sentido.

C

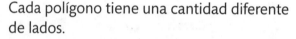 Este es mi razonamiento.

Cada polígono tiene una cantidad diferente de lados.

Dividiré 1,500 pajillas por la cantidad de lados de cada polígono:

$1,500 \div 3 = 500$ triángulos $1,500 \div 4 = 375$ cuadrados

$1,500 \div 5 = 300$ pentágonos $1,500 \div 6 = 250$ hexágonos

Sumaré las decoraciones:

$500 + 375 + 300 + 250 = 1,425$

La clase puede hacer 1,425 decoraciones.

¡Convénceme! **Razonar** Otra clase hizo 200 decoraciones en forma de octágono. ¿Cuántas pajillas usaron?

Práctica guiada

Representar con modelos matemáticos

Miguel irá de campamento con 3 amigos. Empacó sándwiches para compartir entre todos por igual. ¿Cuántos sándwiches empacó Miguel para cada excursionista?

12 sándwiches de jamón

8 sándwiches de queso

20 sándwiches de mantequilla de maní y jalea

1. ¿Qué pregunta escondida debes resolver primero? Escribe y resuelve una ecuación para hallar la respuesta. Di lo que representa tu variable.

2. Completa el diagrama de barras. Escribe y resuelve una ecuación para hallar la cantidad de sándwiches, s, para cada excursionista.

_____ sándwiches

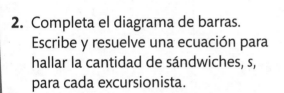

Puedes usar un diagrama de barras y escribir una ecuación para representar con modelos matemáticos.

Práctica independiente

Representar con modelos matemáticos

Jodi entrega 54 periódicos el sábado y 78 periódicos el domingo. Hace paquetes de 6 periódicos. ¿Cuántos paquetes hace Jodi en total entre sábado y domingo?

3. Explica cómo se puede usar un dibujo para representar el problema y mostrar las relaciones. Define las variables.

4. Escribe y resuelve ecuaciones para representar el problema. Explica cómo puedes comprobar si tu solución es razonable.

Resolución de problemas

Mantenimiento canino

Patricia y Antonio tienen un negocio de cuidado de perros. Para atraer nuevos clientes, ofrecen baños gratis con la compra de un servicio de mantenimiento. Durante los primeros 6 días de la promoción, bañaron 26 perros beagles, 12 boxers, 17 carlinos y 5 golden retrievers. Patricia y Antonio bañaron la misma cantidad de perros por día cada uno.

Servicios de mantenimiento

Corte de uñas	$4
Limpieza dental	$7
Limpieza de orejas	$5
Tratamiento antipulgas	$5

5. **Razonar** ¿Cuáles son las cantidades del problema?

6. **Entender y perseverar** ¿Qué necesitas saber para determinar cuántos perros bañó Patricia por día?

7. **Representar con modelos matemáticos** Dibuja un diagrama de barras. Escribe y resuelve una ecuación para hallar p, cuántos perros se bañaron en total.

Representas con modelos matemáticos **cuando usas un dibujo o una ecuación para representar el problema.**

8. **Entender y perseverar** Halla cuántos perros bañó Patricia por día. Explica cómo hallaste la solución.

Sombrea una ruta que vaya desde la **SALIDA** hasta la **META**. Sigue las sumas y las diferencias que están entre 1,000 y 1,200. Solo te puedes mover hacia arriba, hacia abajo, hacia la derecha o hacia la izquierda.

Puedo...
sumar y restar números enteros sin reagrupar.

También puedo razonar sobre las matemáticas.

Salida

314 $+ 707$	7,020 $- 5,001$	686 $+ 304$	1,064 $- 145$	1,201 $+ 289$
4,300 $- 3,200$	1,220 $+ 99$	4,054 $- 3,913$	909 $+ 402$	1,509 $- 519$
999 $+ 200$	3,099 $- 899$	484 $+ 750$	1,580 $- 670$	1,010 $+ 1,101$
3,455 $- 2,305$	807 $+ 499$	3,704 $- 2,544$	725 $+ 460$	1,388 $- 209$
623 $+ 500$	2,010 $- 1,009$	800 $+ 350$	1,577 $- 368$	1050 $+ 99$

Meta

Repaso del vocabulario

Lista de palabras

- cociente
- cocientes parciales
- dividendo
- ecuación
- división
- divisor
- ecuación
- residuo

Comprender el vocabulario

Escoge el mejor término del recuadro. Escríbelo en el espacio en blanco.

1. La respuesta a un problema de división se llama

   _____.

2. El número que se divide en una división se llama

   _____.

3. Una manera de hallar cocientes por partes hasta que solo queda un residuo o nada es usar _____.

4. El número por el que se divide otro número se llama

   _____.

5. La operación que indica cuántos grupos iguales hay o la cantidad que hay en cada grupo se llama _____.

Da un ejemplo y un contraejemplo de cada uno de estos términos.

	Ejemplo	Contraejemplo
6. ecuación	_____	_____
7. residuo	_____	_____

Usar el vocabulario al escribir

8. Megan hizo 21 pulseras con ligas para compartir por igual entre 7 amigas. ¿Cuántas pulseras recibirá cada amiga? Escribe y resuelve una ecuación. Usa al menos 3 términos de la Lista de palabras para describir tu ecuación.

Nombre _____

Grupo A páginas 169 a 172 _____

Un distrito escolar reparte por igual 2,700 sillas entre 3 escuelas. ¿Cuántas sillas recibirá cada escuela?

2,700 sillas

| s | s | s |

↑
sillas por
cada escuela

Halla 2,700 ÷ 3 = c.

La operación básica es 27 ÷ 3 = 9.

27 centenas ÷ 3 = 9 centenas, es decir, 900.

2,700 ÷ 3 = 900

Cada escuela recibirá 900 sillas.

Recuerda que puedes usar operaciones básicas de división y patrones para dividir mentalmente.

1. 250 ÷ 5   **2.** 810 ÷ 9

3. 3,200 ÷ 4   **4.** 4,200 ÷ 7

5. 1,000 ÷ 2   **6.** 240 ÷ 4

7. 450 ÷ 5   **8.** 720 ÷ 9

9. 3,600 ÷ 4   **10.** 4,900 ÷ 7

11. 2,000 ÷ 2   **12.** 280 ÷ 4

13. 2,100 ÷ 7   **14.** 560 ÷ 8

Grupo B páginas 173 a 180 _____

Usa la multiplicación para estimar 420 ÷ 8.

¿8 por qué número es aproximadamente 420?

8 × 5 = 40;
por tanto, 8 × 50 = 400.

Por tanto, 420 ÷ 8 es aproximadamente 50.

Usa números compatibles para estimar 1,519 ÷ 7.

¿Qué número cercano a 1,519 es fácil de dividir por 7?

Prueba operaciones de división para hallar números compatibles con 1,519.

1,519 está cerca de 1,400.

14 ÷ 7 = 2;
por tanto, 1,400 ÷ 7 = 200.

Por tanto, 1,519 ÷ 7 es aproximadamente 200.

Recuerda que las operaciones básicas te pueden ayudar a hallar un número que se divida fácilmente por el divisor.

Estima los cocientes.

1. 718 ÷ 8   **2.** 156 ÷ 4

3. 482 ÷ 8   **4.** 174 ÷ 3

5. 843 ÷ 7   **6.** 321 ÷ 2

7. 428 ÷ 6   **8.** 811 ÷ 9

9. 5,616 ÷ 8   **10.** 7,224 ÷ 8

11. 6,324 ÷ 9   **12.** 3,627 ÷ 9

13. 331 ÷ 4   **14.** 1,222 ÷ 6

15. 2,511 ÷ 5   **16.** 362 ÷ 6

17. 4,940 ÷ 7   **18.** 9,312 ÷ 3

Tom pone 14 manzanas en bolsas. Cada bolsa contiene 4 manzanas. ¿Cuántas bolsas puede llenar Tom? ¿Sobrará alguna manzana?

Usa un modelo para representar 14 ÷ 4.

14 ÷ 4 = 3 R2

Tom puede llenar 3 bolsas. Sobrarán 2 manzanas.

Recuerda que debes asegurarte de que el residuo sea menor que el divisor.

1. 22 pepinillos
   3 pepinillos en cada plato
   22 ÷ 3 = _____ con _____ sobrante

   ¿Cuántos platos tendrán 3 pepinillos?

   _____

2. 19 estampillas
   2 estampillas en cada sobre
   19 ÷ 2 = _____ con _____ sobrante

   ¿Cuántas estampillas no estarán en un sobre?

   _____

Halla 357 ÷ 7.

Usa un modelo. Para dividir, halla los cocientes parciales.

	50	1
7	350	7

$$\begin{array}{r} 1 \\ 50 \end{array}\Big\} 51$$
$$7\overline{)357}$$
$$-\,350$$
$$7$$
$$-\,7$$
$$0$$

Divide. Usa la propiedad distributiva.

$357 ÷ 7 = (350 + 7) ÷ 7$
$ = (350 ÷ 7) + (7 ÷ 7)$
$ = 50 + 1$
$ = 51$

Recuerda que debes sumar los cocientes parciales para hallar el cociente real.

Usa cocientes parciales para resolver los problemas.

1. Hay 81 sillas en 3 grupos iguales. ¿Cuántas sillas hay en cada grupo?

2. Hay 174 partidos programados para 6 ligas diferentes. Cada liga tiene la misma cantidad de partidos programados. ¿Cuántos partidos tiene programados cada liga?

3. En el último partido de básquetbol había 1,278 personas. Las tribunas estaban divididas en 6 secciones. En cada sección había la misma cantidad de personas. ¿Cuántas personas había en cada sección?

Grupo E páginas 193 a 196 _____

Margaret guardó 68 libros en 2 cajas con la misma cantidad de libros. ¿Cuántos libros puso Margaret en cada caja?

Halla 68 ÷ 2.

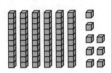 68 libros

Divide las decenas en dos grupos iguales. Luego, divide las unidades en dos grupos iguales.

 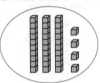

68 ÷ 2 = 34, porque 2 × 34 = 68.

Margaret puso 34 libros en cada caja.

Recuerda que debes comprobar si tu respuesta es razonable.

 Refuerzo
(continuación)

Indica cuántos hay en cada grupo y cuántos sobran.

1. 138 libros; 5 pilas

2. 55 conchas marinas; 3 frascos

3. 217 bolígrafos; 7 estuches

4. 154 zapatos; 4 cajas

5. 195 semillas; 6 sembradoras

Grupo F páginas 197 a 200 _____

Halla 147 ÷ 6.
Haz una estimación: 120 ÷ 6 = 20.

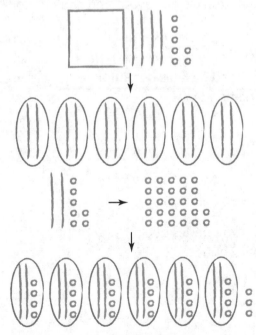

147 ÷ 6 = 24 R3 está cerca de 20; por tanto, la respuesta es razonable.

Recuerda que debes estimar el cociente para comprobar si tu respuesta es razonable.

1. 710 ÷ 9   2. 657 ÷ 5

3. 398 ÷ 8   4. 429 ÷ 2

5. 470 ÷ 6   6. 255 ÷ 4

Grupo G páginas 201 a 204

Halla $8,951 \div 8$.

Haz una estimación: $8,800 \div 8 = 1,100$.

Una estrategia es usar cocientes parciales.

$$
\left.\begin{array}{r}
8 \\
10 \\
100 \\
1,000
\end{array}\right\} 1,118 \text{ R7}
$$

$$
\begin{array}{r}
8)\overline{8,951} \\
-8,000 \\
\hline
951 \\
-800 \\
\hline
151 \\
-80 \\
\hline
71 \\
-64 \\
\hline
7
\end{array}
$$

Recuerda que puedes usar tu estimación para comprobar si tu respuesta es razonable.

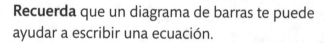

Escoge una estrategia para dividir.

1. $4,649 \div 4$ **2.** $2,843 \div 3$

3. $8,478 \div 6$ **4.** $6,399 \div 9$

5. $379 \div 2$ **6.** $3,812 \div 5$

7. $4,793 \div 5$ **8.** $5,957 \div 7$

Grupo H páginas 205 a 208

Piensa en tus respuestas a estas preguntas como ayuda para **representar con modelos matemáticos**.

Hábitos de razonamiento

- ¿Cómo puedo usar lo que sé de matemáticas para resolver este problema?

- ¿Cómo puedo usar dibujos, objetos y ecuaciones para representar el problema?

- ¿Cómo puedo usar números, palabras, signos y símbolos para resolver este problema?

Recuerda que un diagrama de barras te puede ayudar a escribir una ecuación.

Un distribuidor de pintura entregó 1,345 latas de pintura en 5 tiendas. Cada tienda recibió la misma cantidad de latas de pintura. ¿Cuántas latas de pintura se entregaron en cada tienda?

1. ¿Cómo puedes usar dibujos, un diagrama de barras y una ecuación para hallar la cantidad de latas de pintura entregadas en cada tienda?

2. ¿Cómo puedes decidir si tu respuesta tiene sentido?

1. Selecciona todas las ecuaciones que son estimaciones razonables para el cociente de $184 \div 8$.

☐ $160 \div 8 = 20$

☐ $200 \div 5 = 40$

☐ $180 \div 9 = 20$

☐ $150 \div 5 = 30$

☐ $180 \div 6 = 30$

2. Dibuja un diagrama de barras para la ecuación y luego resuélvela.

$2,400 \div 6 = m$

3. La Sra. Bollis tiene dos pedazos de tela para hacer trajes. Un pedazo tiene 11 yardas de longitud y el otro 15 yardas de longitud. Cada traje lleva 3 yardas de tela. ¿Cuántos trajes puede hacer la Sra. Bollis? ¿Cómo afectan los residuos la cantidad de trajes que puede hacer?

4. A. Escribe una ecuación para mostrar cómo dividir 453 en 3 grupos iguales.

Práctica para la evaluación

B. Completa el modelo para resolver la ecuación del ejercicio **A**.

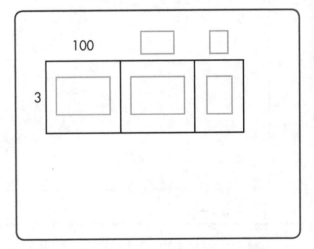

5. ¿Cuál es la mejor estimación para $3,350 \div 8$?

Ⓐ 600

Ⓑ 200

Ⓒ 400

Ⓓ 800

6. Dibuja una matriz y resuelve la ecuación.

$48 \div 9 = ?$

7. Usa números compatibles para estimar el cociente de $530 \div 9$. Luego, halla la respuesta exacta.

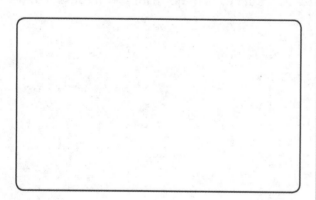

8. Halla $4,800 \div 6$ usando la estrategia de valor de posición. ¿Qué operación básica usaste?

9. Selecciona todas las ecuaciones en las que el residuo es 5.

☐ $59 \div 9 = 6$ R?

☐ $352 \div 6 = 58$ R?

☐ $788 \div 9 = 87$ R?

☐ $1,486 \div 7 = 212$ R?

☐ $2,957 \div 8 = 369$ R?

10. ¿Cuál de las siguientes expresiones **NO** tiene un residuo de 3?

Ⓐ $52 \div 7$

Ⓑ $123 \div 7$

Ⓒ $451 \div 7$

Ⓓ $794 \div 7$

11. ¿Cuál de las siguientes operaciones NO es equivalente a $63 \div 3$?

Ⓐ $(60 + 3) \div 3$

Ⓑ $(33 + 30) \div 3$

Ⓒ $(60 \div 3) + 3$

Ⓓ $(60 \div 3) + (3 \div 3)$

Práctica para la evaluación
(continuación)

12. Selecciona todos los cocientes que son estimaciones razonables de 472 ÷ 6.

☐ 450 ÷ 5

☐ 480 ÷ 6

☐ 500 ÷ 5

☐ 450 ÷ 3

☐ 1,200 ÷ 6 = 200

13. Usa cocientes parciales para hallar el cociente. Escoge números del recuadro para completar los cálculos. Usa cada número una vez.

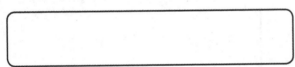

1	1
1	3
5	6
8	8

14. Halla 1,600 ÷ 8. ¿Qué operación básica usaste?

15. Los estudiantes de cuarto grado irán al museo de ciencias.

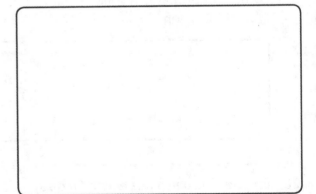

Grupo	Cantidad de personas
Clase del Sr. Vorel	30
Clase de la Sra. Cahill	32
Clase de la Sra. Winter	29
Clase de la Srta. Meyer	28
Maestros y chaperones	18

Hay una exhibición especial sobre viajes espaciales que se puede ver en grupos de 8 estudiantes. ¿Cuántos grupos se necesitan para que todos puedan ver la exhibición?

16. A. Divide.

432 ÷ 8 = _____

B. ¿Cómo puedes usar la respuesta de la parte A para hallar 4,320 ÷ 8?

17. El puesto de pizzas les da a sus clientes una pizza gratis cuando juntan 8 cupones. ¿Cuántas pizzas gratis puede recibir la Sra. Fowler si tiene 78 cupones? ¿Cómo afecta el residuo la cantidad de pizzas gratis que recibe? ¿Cuántos cupones más necesita para la siguiente pizza gratis? Explícalo.

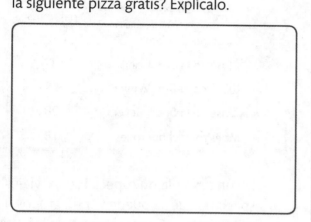

18. Estima $257 \div 5$. Explica cómo puedes usar la multiplicación para estimar el cociente.

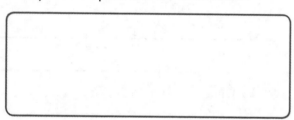

19. Usa una ecuación para mostrar cómo separar 128 en 4 grupos iguales. Explica cómo comprobar la respuesta usando la multiplicación.

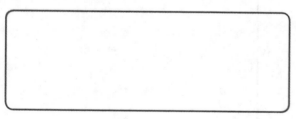

20. Escribe y resuelve una ecuación que muestre una forma de estimar $1,792 \div 6$.

21. Haz un dibujo para explicar por qué $657 \div 5 = 131$ R2.

22. Para cada ecuación, haz una marca para mostrar el número correcto que falta.

	6	3	8	5
$4,\_00 \div 6 = 800$	❏	❏	❏	❏
$675 \div \_ = 135$	❏	❏	❏	❏
$360 \div 6 = \_0$	❏	❏	❏	❏
$98 \div 5 = 19R\_$	❏	❏	❏	❏

23. Holly usa 7 hojas de papel para hacer una flor. Si compra un paquete de 500 hojas de papel, ¿aproximadamente cuántas flores podrá hacer Holly? Usa números compatibles para estimar la cantidad de flores.

Ahorrar lo que se gana

El hermano mayor de Trista, Ryan, consiguió un trabajo. Ryan quisiera comprar los artículos de la ilustración con lo que gana. Ryan gana $8 por hora de trabajo.

1. Ryan es curioso y quiere saber cuánto tiempo le llevará ganar suficiente dinero para comprar todos los artículos de la ilustración.

Parte A

¿Cuántas horas debe trabajar Ryan para ganar suficiente dinero para comprar la computadora? Usa el valor de posición y calcula mentalmente para resolver el problema.

$480

$341

Videojuego
BÁSQUETBOL
AL ROJO VIVO

$44

Parte B

¿Cuántas horas debe trabajar Ryan para comprar el videojuego? Usa un modelo para mostrar cómo hallar el cociente. Explica cómo se interpreta el residuo.

Parte C

¿Cuántas horas debe trabajar Ryan para ganar dinero suficiente para comprar el teléfono inteligente? Usa cocientes parciales para dividir.

2. Ryan obtiene un aumento. Ahora gana $9 por hora. Ryan decide empezar a ahorrar para comprar un carro. Ryan trabaja 9 horas por semana.

Carro usado: $2,793
Impuestos, título y placas de matrícula: $235

Parte A

¿Cuántas horas debe trabajar Ryan para ganar dinero suficiente para comprar el carro y para pagar los impuestos, el título de propiedad y las placas de matrícula? Dibuja diagramas de barras como ayuda para escribir y resolver ecuaciones.

Parte B

¿Aproximadamente cuántas semanas deberá trabajar Ryan para comprar el carro y pagar los impuestos, el título de propiedad y las placas de matrícula? Explícalo.

Parte C

¿Cuántas semanas reales debe trabajar Ryan para comprar el carro y pagar los impuestos, el título de propiedad y las placas de matrícula? Muestra tus cálculos. Explica por qué tu solución es razonable.

Usar operaciones con números enteros para resolver problemas

Preguntas esenciales: ¿Cuál es la diferencia entre hacer una comparación usando la multiplicación y hacer una comparación usando la suma? ¿Cómo se pueden usar ecuaciones para resolver problemas de varios pasos?

Recursos digitales

Libro del estudiante

Aprendizaje visual

Práctica

Evaluación

Herramientas

Glosario

Se necesita mucha energía para dar electricidad a un vecindario. ¡La energía renovable puede reducir la contaminación que se produce al generar electricidad para estos hogares!

Algunas casas usan energía solar para generar electricidad. ¡Este tipo de energía renovable usa la luz del sol y es buena para el medio ambiente!

Parte de la energía se almacena para usarla durante la noche o cuando está nublado. Este es un proyecto sobre la energía y la multiplicación.

Proyecto de enVision STEM: Energía y multiplicación

Investigar Usa la Internet u otras fuentes para hallar y describir 3 ejemplos de energía renovable.

Diario: Escribir un informe Incluye lo que averiguaste. En tu informe, también:

- Los paneles solares están formados por módulos más pequeños o secciones llamadas celdas. Halla una ilustración de un panel solar. ¿Cuántas celdas hay en 6 paneles solares? ¿Cuántas celdas hay en 9 paneles solares? ¿Cuántas celdas más hay en los 9 paneles solares que en los 6 paneles solares?

- Halla ejemplos de otros objetos que usen energía solar.

Repasa lo que sabes

Vocabulario

Escoge el mejor término del recuadro.
Escríbelo en el espacio en blanco.

- números compatibles
- propiedad asociativa de la multiplicación
- propiedad conmutativa de la multiplicación
- propiedad distributiva

1. La/Los _____ _____ dice/dicen que los factores se pueden multiplicar en cualquier orden y el producto sigue siendo el mismo.

2. Descomponer un problema de multiplicación en la suma o la diferencia de dos problemas de multiplicación más sencillos es un ejemplo de usar la/los

_____.

3. Según la/los _____, los factores se pueden reagrupar y el producto sigue siendo el mismo.

Dividir por números de 1 dígito

Estima los cocientes.

4. $16 \div 3$

5. $25 \div 4$

6. $155 \div 4$

7. $304 \div 3$

8. $1{,}283 \div 6$

9. $1{,}999 \div 4$

Multiplicar por números de 1 dígito

Halla los productos.

10. 53×9

11. $1{,}127 \times 7$

12. $2{,}769 \times 5$

13. 3×215

14. 914×5

15. $1{,}238 \times 5$

Resolución de problemas

16. Construir argumentos Explica por qué la matriz representa 3×21.

17. James multiplica 38 por 55. Halla tres de los cuatro productos parciales: 40, 150 y 400. ¿Qué producto parcial le falta a James? ¿Cuál es la solución?

Nombre _____

PROYECTO 6A

¿Qué tan alto es alto?

Proyecto: Haz un modelo de la altura de una secuoya

PROYECTO 6B

¿Qué operaciones con números sobre manatíes pueden ser interesantes?

Proyecto: Haz una presentación de operaciones con números sobre manatíes

PROYECTO
6C

¿Cómo afecta la temperatura a un huevo de caimán?

Proyecto: Crea un diagrama de barras

PROYECTO
6D

¿Cuántos huevos pone la tortuga boba?

Proyecto: Haz un modelo de huevo de tortuga.

Resuélvelo y coméntalo

Sarah está haciendo un almohadón cuadrado con bordes de 18 pulgadas de longitud cada uno. Necesita una tira de tela que mida 4 veces la longitud de un borde del almohadón para ponerla alrededor del contorno. ¿Qué longitud debe tener la tira de tela? *Resuelve este problema de la manera que prefieras.*

Puedo...
usar la multiplicación o la suma para comparar una cantidad con otra.

También puedo representar con modelos matemáticos para resolver problemas.

Razona para entender las cantidades en el problema. Puedes usar un diagrama de barras para comprender la relación entre cantidades.

¡Vuelve atrás! **Representar con modelos matemáticos** ¿Cómo te podría ayudar el diagrama de barras a escribir y resolver una ecuación para el problema?

Aprendizaje visual   A–Z Glosario

Pregunta esencial ¿En qué se diferencian las comparaciones usando la multiplicación y las comparaciones usando la suma?

Puente de aprendizaje visual

A

Max dijo que los Rangers anotaron tres veces la cantidad de carreras que anotaron los Stars. Jody dijo que los Rangers anotaron 8 carreras más que los Stars. ¿Pueden tener razón tanto Max como Jody?

Puedes usar la multiplicación y la suma para comparar la cantidad de carreras que hizo cada equipo.

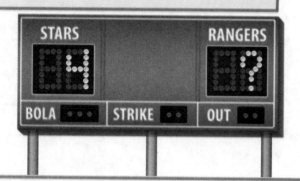

Sea p = las carreras que anotaron los Rangers según Max. Sea j = las carreras que anotaron los Rangers según Jody.

B **Comparar usando la multiplicación**

Halla 3 veces la cantidad de 4 carreras.

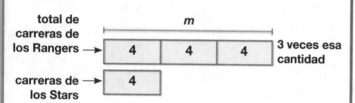

$m = 3 \times 4$
$m = 12$ carreras

Según Max, los Rangers anotaron 12 carreras.

C **Comparar usando la suma**

Halla 8 más que 4 carreras.

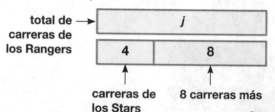

$j = 4 + 8$
$j = 12$ carreras

Según Jody, los Rangers anotaron 12 carreras.

Tanto Max como Jody tienen razón.

¡Convénceme! **Construir argumentos** Describe cuándo usarías la multiplicación y cuándo usarías la suma para hacer una comparación.

Práctica guiada

¿Lo entiendes?

1. Usa la información de la página anterior. Si los Rangers hubieran anotado 5 veces la cantidad de carreras que anotaron los Stars, ¿cuántas carreras habrían anotado los Rangers?

   a. Compara usando la multiplicación. Escribe y resuelve una ecuación.

   b. ¿Cómo podrías usar la suma para comparar las carreras de los dos equipos?

¿Cómo hacerlo?

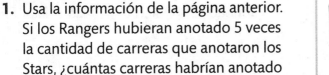

Para **2** y **3**, completa la oración de comparación. Halla el valor de la variable que hace que la oración sea verdadera.

2. El equipo de béisbol de Sam tiene 4 veces la cantidad de cascos que tiene el equipo de Ed. El equipo de Ed tiene 21 cascos. Sea c = la cantidad de cascos que tiene el equipo de Sam.

c es _____ veces la cantidad _____.
$c =$ _____

3. Hay 128 árboles más en el parque que en la casa de Ty. Hay 3 árboles en la casa de Ty. Sea a = la cantidad de árboles en el parque.

_____ más que _____ es a. $a =$ _____

Práctica independiente

Para **4** a **9**, escribe una oración de comparación. Halla el valor de la variable que hace que la oración sea verdadera para **4** a **7**.

> Usa *tantas veces la cantidad* o *más que* para comparar las cantidades.

4. Katy tiene 6 veces la cantidad de monedas de 5¢ que tiene Shaun. Shaun tiene 18 monedas de 5¢. Sea m = la cantidad de monedas que tiene Katy.

m es _____
$m =$ _____

5. Kyle miró 238 películas. Jason miró 49 películas más que Kyle. Sea p = la cantidad de películas que miró Jason.

p es _____
$p =$ _____

6. Amber hizo 89 nudos para hacer una decoración para la pared de macramé. Hunter hizo 3 veces esa cantidad. Sea n = la cantidad de nudos que hizo Hunter.

n es _____
$n =$ _____

7. Tina vende 292 periódicos. Tess vende 117 periódicos más que Tina. Sea p = la cantidad de periódicos que vende Tess.

p es _____
$p =$ _____

8. Trent tiene 48 marcadores. Sharon tiene 8 marcadores.

_____

9. Lucy tiene 317 botellas. Craig tiene 82 botellas.

_____

Resolución de problemas

10. Representar con modelos matemáticos Roger nadó 19 largos en la piscina. Anna María nadó 4 veces la cantidad de largos que nadó Roger. ¿Cuántos largos nadó Anna María? Dibuja un diagrama de barras y escribe una ecuación para resolver el problema.

11. Evaluar el razonamiento Nina dice que la ecuación $600 = 12 \times 50$ significa que 600 es 12 veces la cantidad 50. Julio dice que la ecuación significa que 600 es 50 veces la cantidad 12. ¿Quién tiene razón? Explícalo.

12. A-Z Vocabulario La cantidad que queda después de dividir un número en partes iguales se llama _____.

$13 \div 4 =$ _____

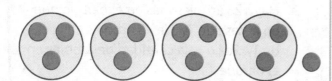

13. Razonamiento de orden superior Una camiseta está en oferta por d dólares. El precio normal es 4 veces esa cantidad. Todd tiene suficiente dinero para comprar 2 camisetas al precio normal. ¿Cuántas camisetas puede comprar Todd al precio de oferta? Explícalo.

✓ Práctica para la evaluación

14. Selecciona todas las oraciones que implican una comparación usando la multiplicación.

- ☐ k es 26 veces la cantidad 7.
- ☐ u es 18 más que 314.
- ☐ Tom corrió 4 millas. Cindy corrió 2 millas más que Tom. ¿Cuántas millas corrió Cindy?
- ☐ Yuhan tiene 2 perros y Jon tiene 3 veces la cantidad de perros que tiene Yuhan. ¿Cuántos perros tiene Jon?
- ☐ Kris tiene 4 veces la cantidad de pares de zapatos que tiene su hermano. Su hermano tiene 8 pares de zapatos.

15. Selecciona todas las oraciones que se pueden representar con la ecuación $5 \times 9 = w$.

- ☐ w es 9 más que 5.
- ☐ w es 5 veces la cantidad de 9.
- ☐ Henry cantó 9 canciones durante el ensayo. Cantó 5 veces la cantidad que cantó Joe, que cantó w canciones.
- ☐ Greg llevó 9 cubetas de agua a la piscina para bebés de su hermanita. Su mamá llevó w cubetas, que fue 5 veces esa cantidad.
- ☐ Tom tiene 9 bolígrafos. Joan tiene w bolígrafos, que es 5 menos.

Nombre _____

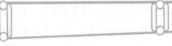

Resuélvelo y coméntalo

Los estudiantes de la clase de cuarto grado de la Sra. Chang plantan un árbol todos los años. Uno de los árboles que plantaron tiene ahora 288 pulgadas de altura. Esta altura es 6 veces la altura del árbol cuando lo plantaron. ¿Qué altura tenía el árbol cuando lo plantaron? *Resuelve este problema de la manera que prefieras.* Muestra tu trabajo.

Puedo...
usar la multiplicación o la división para comparar una cantidad con otra.

También puedo representar con modelos matemáticos para resolver problemas.

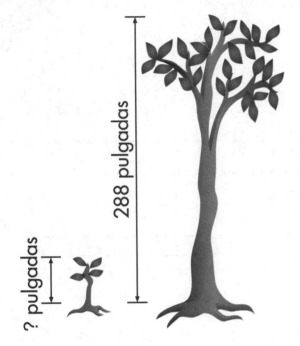

Puedes representar con modelos matemáticos y usar ecuaciones para comparar las alturas de los dos árboles.

¡Vuelve atrás! Compara las alturas de los 2 árboles usando la suma.

Pregunta esencial ¿Cómo se pueden resolver problemas de comparación en los que se usa la multiplicación como comparación?

A

Carla y Calvin son hermanos gemelos que asisten a diferentes universidades. La distancia entre la universidad de Carla y su casa es 4 veces la distancia que hay entre la universidad de Calvin y su casa. ¿Qué distancia viaja Calvin a la universidad?

Carla viaja 192 millas hasta la universidad.

Sea m = la cantidad de millas que viaja Calvin hasta la universidad.

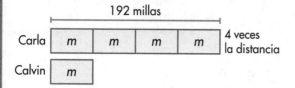

192 millas

| Carla | m | m | m | m | 4 veces la distancia |

| Calvin | m |

La multiplicación y la división tienen una relación inversa.

B La cantidad de millas que viaja Carla, o 192 millas, es 4 veces la distancia que viaja Calvin.

Escribe una ecuación de multiplicación para hallar la cantidad de millas que viaja Calvin a la universidad.

$$192 = 4 \times m$$

¿Qué número multiplicado por 4 es igual a 192?

C Si $192 = 4 \times m$, entonces $m = 192 \div 4$.

$$
\begin{array}{r}
8 \\
40 \\
\hline
4)\overline{192} \\
-160 \\
\hline
32 \\
-32 \\
\hline
0
\end{array}
$$
$\left. \begin{array}{r} 8 \\ 40 \end{array} \right\} 48$

| 4 | 40 | 8 |
| | 160 | 32 |

192

$m = 48$ millas

Calvin viaja 48 millas a la universidad.

¡Convénceme! **Usar la estructura** ¿Cuándo usas la división para hacer una comparación?

Nombre _____

☆Práctica guiada

¿Lo entiendes?

1. Carla viaja a la universidad 3 veces la distancia que viaja su amiga Mandy a la universidad. Escribe y resuelve una ecuación de multiplicación y de división relacionada para hallar la distancia que viaja Mandy a la universidad.

¿Cómo hacerlo?

2. Completa la oración de comparación. Halla el valor de la variable que hace que la oración sea verdadera.

Si $3 \times m = 48$, entonces $m = 48 \div 3$.

_____ veces la distancia

_____ es _____.

$m =$ _____

☆Práctica independiente

Para **3** a **6**, escribe una oración de comparación y una ecuación. Halla el valor de la variable que hace que la oración sea verdadera.

3. Connor tiene 77 revistas. Eso es 7 veces la cantidad de revistas que tiene Kristen. ¿Cuántas revistas, *n*, tiene Kristen?

4. Eric resolvió 75 problemas de matemáticas. Eso es 5 veces la cantidad de problemas de matemáticas que resolvió Katie. ¿Cuántos problemas de matemáticas, *m*, resolvió Katie?

5. Clara contó 117 colores diferentes en la pinturería. Eso es 9 veces la cantidad que contó James. ¿Cuántos colores diferentes, *c*, contó James?

6. Alisa tiene 153 fichas de dominó. Eso es 3 veces la cantidad de fichas de dominó que tiene Stan. ¿Cuántas fichas de dominó, *d*, tiene Stan?

7. Justin practicó piano durante *h* horas. Su hermana practicó durante 12 horas, lo cual es 3 veces la cantidad de horas que practicó Justin. Escribe y resuelve una ecuación para hallar cuántas horas practicó piano Justin.

8. Mary practicó violín durante 2 horas y su hermano practicó trombón *h* veces esa cantidad de horas, u 8 horas. Escribe y resuelve una ecuación para hallar cuántas veces la cantidad de horas que Mary practicó violín, su hermano practicó trombón.

Resolución de problemas

9. Representar con modelos matemáticos
Dave está preparando una sopa que lleva 12 tazas de agua y 3 tazas de caldo. ¿Cuántas veces la cantidad de caldo lleva de agua la sopa? Dibuja un diagrama de barras y escribe y resuelve una ecuación.

10. Trevor quiere comprar tres lámparas que cuestan $168 cada una. Tiene $500. ¿Tiene suficiente dinero para comprar las lámparas? Usa una oración de comparación para explicar tu razonamiento.

11. Miranda tiene 4 veces la cantidad de hojas en su colección que las que tiene Joy. Joy tiene 13 hojas más que Armani. Armani tiene 10 hojas en su colección. ¿Cuántas hojas tiene Miranda en su colección? Explícalo.

12. Razonamiento de orden superior Jordan necesita $9,240 para su primer año de colegiatura. Cada uno de sus dos abuelos dijo que le daría la misma cantidad que ella ahorre. Le quedan 8 años para ir a la universidad. ¿Cuánto tiene que ahorrar Jordan por su cuenta cada año para que le alcance para el primer año de colegiatura con la ayuda de sus dos abuelos?

En algunos problemas hay que usar más de una operación.

Práctica para la evaluación

13. Tina caminó 20 millas para un evento para recaudar fondos. Lía caminó _m_ millas. Tina caminó 4 veces la distancia que caminó Lía. ¿Qué ecuación se puede usar para hallar _m_, la cantidad de millas que caminó Lía?

Ⓐ $m = 4 \times 20$

Ⓑ $20 = 4 \times m$

Ⓒ $20 = m \div 4$

Ⓓ $m = 20 + 4$

14. Jason y Raúl llevan un registro de sus lecturas del año. Jason leyó 7 libros y Raúl leyó 105. ¿Cuántas veces la cantidad de libros que leyó Jason leyó Raúl?

Ⓐ 13 veces

Ⓑ 14 veces

Ⓒ 15 veces

Ⓓ 16 veces

Nombre _____

Resuélvelo y coméntalo

El año pasado, 18 personas hicieron un viaje de campamento en familia. Este año, tres veces esa cantidad de personas hicieron un viaje similar. ¿Cuántas personas más que el año pasado fueron de viaje este año? Completa el diagrama de barras y muestra cómo resolviste.

Puedo...
hallar preguntas escondidas y usar diagramas de barras y ecuaciones para representar y resolver problemas de varios pasos.

También puedo entender los problemas.

Puedes entender y perseverar hallando la pregunta escondida y respondiéndola.

personas este año

3 veces la cantidad

personas el año pasado   personas adicionales

¡Vuelve atrás! ¿Cómo puedes usar la estimación para decidir si tu respuesta es razonable?

Pregunta esencial ¿Cómo puedes usar diagramas y ecuaciones para resolver problemas de varios pasos?

A

Una escuela usa 8 autobuses escolares para transportar a los estudiantes de cuarto grado en una excursión y 6 camionetas para transportar a los estudiantes de tercer grado. ¿Cuántos estudiantes de tercer grado menos que de cuarto grado hay en la excursión?

En cada autobús caben 24 estudiantes.

En cada camioneta caben 15 estudiantes.

Puedes usar variables o letras para representar números desconocidos en ecuaciones.

B ## Paso 1

Halla las preguntas escondidas y respóndelas.

Pregunta escondida: ¿Cuántos estudiantes de cuarto grado hay en la excursión?

C = Cantidad de estudiantes de cuarto grado

24	24	24	24	24	24	24	24

$C = 8 \times 24$
= 192 estudiantes de cuarto grado

Pregunta escondida: ¿Cuántos estudiantes de tercer grado hay en la excursión?

T = Cantidad de estudiantes de tercer grado

15	15	15	15	15	15

$T = 6 \times 15$
= 90 estudiantes de tercer grado

C ## Paso 2

Usa las respuestas a las preguntas escondidas para responder a la pregunta original.

Pregunta original: ¿Cuántos estudiantes de tercer grado menos que de cuarto grado hay en la excursión?

E = la cantidad de estudiantes de tercer grado menos que de cuarto

192	
90	e

$E = 192 - 90$
= 102

En la excursión hay 102 estudiantes de tercer grado menos que de cuarto.

¡Convénceme! **Construir argumentos** Amanda dice que puede resolver el problema usando la siguiente ecuación. ¿Estás de acuerdo? Explícalo.

$E = (8 \times 24) - (6 \times 15)$

Otro ejemplo

La familia López compra 2 pizzas y 4 *hot dogs* en Comida al paso. ¿Cuál es el costo total?

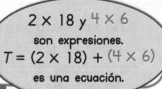

COMIDA AL PASO

Hamburguesa	$8	Pizza	$18	Wrap de pavo	$9
Hot dog	$6	Ensalada	$16	Bebidas	$2

Paso 1

Escribe expresiones que representen las preguntas escondidas.

¿Cuál es el costo de 2 pizzas?

18	18

2×18

¿Cuál es el costo de 4 *hot dogs*?

6	6	6	6

4×6

Paso 2

Combina las expresiones en una ecuación para hallar T, el costo total.

T = Costo total

18	18	6	6	6	6

Costo de pizzas   Costo de *hot dogs*

$T = (2 \times 18) + (4 \times 6)$

Paso 3

Resuelve.

$T = (2 \times 18) + (4 \times 6)$

$T = 36 + 24$

$T = 60$

El costo total es $60.

2×18 y 4×6 son expresiones.
$T = (2 \times 18) + (4 \times 6)$ es una ecuación.

☆ Práctica guiada

¿Lo entiendes?

1. Doug dice que puede usar la ecuación $T = 18 + 18 + 6 + 6 + 6 + 6$ para resolver el problema anterior. ¿Tiene razón? Explícalo.

2. Escribe una o más ecuaciones que podrías usar para hallar el costo total, C, de 2 *wraps* de pavo, 2 hamburguesas y 4 bebidas.

¿Cómo hacerlo?

3. En el problema de la página anterior, supón que se llenan 11 autobuses y el resto de los estudiantes van en camionetas. ¿Cuántos estudiantes van en camionetas? Usa uno o más diagramas de barras y ecuaciones para mostrar cómo puedes resolver.

☆ Práctica independiente ☆

Dibuja un diagrama de barras y escribe una ecuación para resolver el problema. Usa una variable para representar la cantidad desconocida e indica qué representa la variable.

4. Cuatro niños y cinco niñas fueron al cine juntos. Entre todos tenían $120 para gastar. Cada boleto costaba $8. ¿Cuánto dinero tenían para comprar bebidas?

5. **Representar con modelos matemáticos** Una central eléctrica tiene 4 toneladas de carbón. Una tonelada de carbón produce 2,460 kilovatios-hora de electricidad. La central reserva energía eléctrica suficiente para 9 bombillas por un año. ¿Cuántos kilovatios-hora de más se producen? Dibuja diagramas de barra y escribe una o más ecuaciones para mostrar cómo resuelves. Indica qué representan tus variables.

Se necesitan 876 kilovatios-hora de electricidad para abastecer de energía a una bombilla de 100 vatios por un año.

6. **Razonamiento de orden superior** Tienes $350 para comprar 26 boletos para un juego de béisbol. Debes comprar boletos de los dos tipos de asientos. Quieres gastar la mayor parte del dinero. ¿Cuántos boletos de cada tipo puedes comprar? Halla dos soluciones diferentes para el problema. Usa una ecuación para mostrar cada solución.

PRECIOS DE LOS BOLETOS

Palco	$18
Tribuna	$12

☑ Práctica para la evaluación

7. La maestra de gimnasia tiene $250 para gastar en equipo deportivo de voleibol. Compra 4 redes a $28 cada una. Las pelotas cuestan $7 cada una. ¿Cuántas pelotas puede comprar? Explica cómo resuelves. Usa una o más ecuaciones y diagramas de barras en tu explicación. Indica qué representan tus variables.

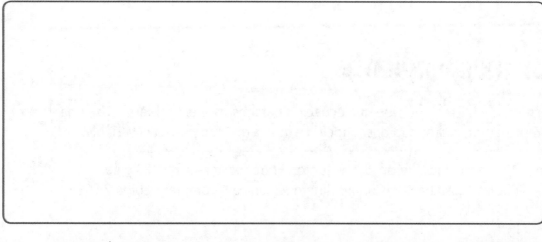

Nombre _____

Resuélvelo y coméntalo

Tres niños de ocho años, un adulto y una persona de la tercera edad habían ahorrado $125 para ir al parque de diversiones Días Felices. Luego de comprar los boletos, ¿cuánto dinero les quedaba para comprar bebidas? Completa el diagrama de barras y úsalo para escribir una o más ecuaciones para resolver el problema. Indica qué representan las variables.

Puedes representar con modelos matemáticos **usando** ecuaciones y diagramas de barras para hallar cuánto dinero le quedó al grupo.

Puedo...
resolver problemas de varios pasos dibujando diagramas de barras y escribiendo expresiones y ecuaciones.

También puedo representar con modelos matemáticos para resolver problemas.

DÍAS FELICES
BOLETOS

Niños menores de 5 años **Gratis**

Niños de entre 6 y 12 años **$12**

Adolescentes **$20**

Adultos de entre 20 y 65 años **$25**

Personas de la tercera edad **$18**

Niños	Adultos	Personas de la tercera edad	Bebidas

¡Vuelve atrás! ¿Qué expresiones y ecuaciones usaste para resolver este problema? ¿A qué preguntas escondidas tuviste que responder?

Pregunta esencial

¿Cómo puedes representar y resolver problemas de varios pasos?

A

La chef Ángela necesita 8 cartones de huevos para hacer los pasteles que se pidieron. Tiene 2 cartones de huevos y 4 huevos sueltos en el refrigerador. ¿Cuántos huevos más necesita para hacer todos los pasteles?

Un cartón tiene 12 huevos.

A menudo los problemas de varios pasos pueden resolverse de más de una manera.

La chef estima que necesita aproximadamente 6 cartones, o aproximadamente $6 \times 12 = 72$ huevos más.

B ## Una manera

¿Cuántos huevos tiene la chef?

$(2 \times 12) + 4 = 24 + 4$
$= 28$ huevos

¿Cuántos huevos más necesita la chef?

C = cantidad de huevos adicionales que se necesitan

$C = (8 \times 12) - 28$
$= 96 - 28$
$= 68$

La expresión 8×12 es la cantidad de huevos que necesita la chef en total.

La chef necesita 68 huevos más.

Como 68 está cerca de 72, la respuesta es razonable.

C ## Otra manera

¿Cuántos cartones debe comprar la chef?

$8 - 2 = 6$ cartones

¿Cuántos huevos más necesita la chef?

C = cantidad de huevos adicionales que se necesitan

$C = (6 \times 12) - 4$
$= 72 - 4$
$= 68$

La expresión 6×12 es la cantidad de huevos en 6 cartones.

La chef necesita 68 huevos más.

Como 68 está cerca de 72, la respuesta es razonable.

¡Convénceme! **Representar con modelos matemáticos** Dibuja diagramas de barras para representar una solución al problema anterior.

Práctica guiada

¿Lo entiendes?

1. Explica el significado de la expresión (2 × 12) + 4 del problema de la página anterior.

2. En el problema de la página anterior, ¿cuántos huevos le sobrarán a la chef? Explícalo.

¿Cómo hacerlo?

3. El libro de estampillas de Carrie tiene 20 páginas y en cada una caben 15 estampillas. Ella tiene 45 estampillas de otros países. Su cantidad de estampillas de EE. UU. es 4 veces esa cantidad. ¿Caben todas sus estampillas en el libro? Usa el siguiente diagrama de barras como ayuda para resolver este problema. Dibuja otros diagramas si es necesario. Muestra las ecuaciones que usaste para resolver este problema.

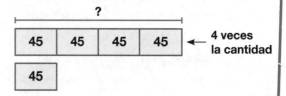

Práctica independiente

Para **4** y **5**, dibuja diagramas de barras y escribe ecuaciones para resolver cada problema. Usa variables para representar cantidades desconocidas e indica qué representa cada variable.

4. Cinco fabricantes de juguetes hicieron 28 bloques y 17 aviones. Otros tres fabricantes hicieron la misma cantidad de aviones y el doble de bloques. ¿Cuántos juguetes hicieron los ocho fabricantes en total?

5. Kendra está usando 27 pedazos de tela azul y algunos pedazos de tela blanca para hacer una colcha. La colcha tiene un área total de 540 pulgadas cuadradas. Cada pedazo de tela tiene un área de 9 pulgadas cuadradas. ¿Cuánto del área de la colcha es blanco?

Resolución de problemas

6. Entender y perseverar Un boleto de cine para estudiante cuesta $7. El costo para un adulto cuesta $2 más que el de un estudiante. ¿Cuánto tendrían que pagar en total 5 adultos y 20 estudiantes por boletos para una película?

7. (A-Z) Vocabulario Da un ejemplo de una expresión. Luego, da un ejemplo de una ecuación.

---

8. Razonamiento de orden superior Cody y Max resuelven correctamente el siguiente problema, cada uno por su cuenta. Explica cómo lo resolvió cada uno.

Emma tiene $79 para gastar en una juguetería. Quiere comprar un juego de construcción, un juego de mesa y 2 muñecos de juguete de su película favorita. ¿Qué más puede comprar?

Cody

$79 - 32 = 47$
$47 - 19 = 28$
$2 \times 8 = 16$
$28 - 16 = 12$

Emma puede comprar una muñeca u otro muñeco de juguete.

Max

$Q =$ el dinero que le queda a Emma.

$Q = 79 - (32 + 19 + 16)$
$Q = 79 - 67$
$Q = 12$

Puede comprar una muñeca o un muñeco de juguete.

DATOS

Juguetería	
Juguete	**Costo**
Juego de construcción	$32
Juego de mesa	$19
Muñeco de peluche	$15
Muñeca	$12
Muñeco de juguete	$8

☑ Práctica para la evaluación

9. Una empresa tiene 2 centrales geotérmicas que pueden abastecer de energía a un total de 2,034 hogares. Luego de construir otras 3 centrales geotérmicas más poderosas, puede abastecer a un total de 5,799 hogares. ¿A cuántos hogares abastece cada una de las centrales nuevas? Explica cómo resuelves. Usa una o más ecuaciones y diagramas de barras en tu explicación. Indica qué representan las variables.

Nombre _____

Una granjera necesita $3,500 para comprar un camión usado. Si vende 45 arces y 27 pinos, ¿obtendrá suficiente dinero para comprar el camión? Si no, ¿cuánto dinero más necesita? *Resuelve este problema de la manera que prefieras.*

Puedo...
resolver problemas de varios pasos hallando y resolviendo preguntas escondidas y escribiendo expresiones y ecuaciones.

También puedo hacer razonamientos sobre matemáticas para resolver problemas.

Puedes razonar y pensar en las relaciones entre las cantidades del problema.

Rothacker
VIVERO FORESTAL

¡LIQUIDACIÓN!

Arces $56
Pinos $33

¡Vuelve atrás! En la pregunta anterior, ¿cuántos árboles más de cada tipo podría vender la granjera para obtener el dinero necesario para comprar el camión? Explícalo.

Pregunta esencial ¿Cómo puedes usar ecuaciones para resolver problemas de varios pasos?

Puente de aprendizaje visual

A

Los estudiantes de cuarto y quinto grado irán a un concierto. Hay 178 estudiantes. ¿Cuántas filas se necesitan para los estudiantes de cuarto grado?

Cada fila tiene 8 asientos. Los estudiantes de quinto grado ocupan 12 filas completas.

Para hallar la cantidad de filas, necesitas hallar la cantidad de estudiantes de cuarto grado. Para hallar esa cantidad, necesitas hallar la cantidad de estudiantes de quinto grado.

Sea e = la cantidad de estudiantes de quinto grado, c = la cantidad de estudiantes de cuarto grado y f = la cantidad de filas para cuarto grado.

B | **Paso 1**

Halla y resuelve la primera pregunta escondida.

Pregunta escondida:
¿Cuántos estudiantes de quinto grado hay?

$12 \times 8 = e$
$e = 96$

Hay 96 estudiantes de quinto grado.

C | **Paso 2**

Halla y resuelve la segunda pregunta escondida.

Pregunta escondida:
¿Cuántos estudiantes de cuarto grado hay?

$178 - 96 = c$
$c = 82$

Hay 82 estudiantes de cuarto grado.

D | **Paso 3**

Responde a la pregunta original.

Pregunta original:
¿Cuántas filas se necesitan para los estudiantes de cuarto grado?

$82 \div 8 = f$
$f = 10 \text{ R2}$

Se llenarán diez filas con estudiantes de cuarto grado y sobrarán 2 estudiantes. Por tanto, se necesitarán 11 filas.

¡Convénceme! **Construir argumentos** ¿Tiene sentido la respuesta de 11 filas en el problema anterior? Explícalo.

Nombre _____

☆Práctica guiada

¿Lo entiendes?

1. En la página anterior, supón que había solo 11 filas de niños de quinto grado pero la misma cantidad total de estudiantes. ¿Necesitas resolver todo el problema de nuevo para hallar cuántas filas se necesitan para los estudiantes de cuarto grado? Explícalo.

¿Cómo hacerlo?

2. Muestra otra manera de resolver el problema de la página anterior.

☆Práctica independiente☆

Para **3** y **4**, resuelve los problemas de varios pasos. Escribe ecuaciones para mostrar cómo resuelves. Dibuja diagramas de barras como ayuda si es necesario. Haz una estimación para decidir si tu respuesta es razonable.

3. Vanya compró 5 paquetes medianos de botones y 3 paquetes pequeños de botones. ¿Cuál fue la cantidad total de botones que compró?

Cantidad de objetos en cada paquete

DATOS	Objeto	Pequeño	Mediano	Grande
	Cuentas	32	64	96
	Botones	18	38	56

4. Vance compró 2 paquetes grandes de cuentas, 1 paquete mediano de cuentas, 2 paquetes grandes de botones y 2 paquetes medianos de botones. ¿Cuántas cuentas más que botones compró Vance?

Resolución de problemas

5. enVision® STEM ¿Cuánto más cuesta generar 9 megavatios-hora de electricidad en plantas eléctricas convencionales con carbón que en plantas con energía eólica? Escribe una o más ecuaciones para mostrar cómo lo resuelves. Indica qué representan las variables.

Puede costar hasta $87 generar 1 megavatio-hora de electricidad con energía eólica.

Puede costar $105 generar 1 megavatio-hora de electricidad en plantas convencionales con carbón.

6. Representar con modelos matemáticos Anna gana $8 por hora por cuidar niños y $6 por hora por trabajar en el jardín. El mes pasado trabajó 15 horas cuidando niños y 8 horas en el jardín. ¿Cuánto dinero más necesita para comprar un robot que cuesta $199? Explica cómo resuelves. Usa una o más ecuaciones en tu explicación. Indica qué representan las variables.

7. Razonamiento de orden superior Muestra dos maneras de hallar la respuesta al siguiente problema.

La comida para perros y la comida para gatos se venden en bolsas de 20 libras. Hay 14 bolsas de comida para perros y 12 bolsas de comida para gatos en los estantes de la tienda. ¿Cuántas libras de comida para perros y para gatos hay en los estantes?

Práctica para la evaluación

8. Chris necesita $858 para comprar una computadora. Ya ahorró $575. Gana $15 por hora por cuidar niños y cuidará niños 12 horas el próximo mes. Puede ahorrar $8 por semana de su mesada. ¿Cuántas semanas de mesada necesitará Chris para ahorrar lo suficiente para comprar la computadora? Explica cómo resuelves. Usa una o más ecuaciones en tu explicación. Indica qué representan las variables.

Resuélvelo y coméntalo

La Sra. Valenzuela pidió a los estudiantes que diseñen un serpentario para el zoológico. En el diseño que se muestra, la anaconda tiene 538 pies cuadrados más que la pitón. La pitón tiene dos veces la cantidad de pies cuadrados que tiene la serpiente de cascabel. ¿Qué área tiene cada serpiente? *Resuelve este problema de la manera que prefieras.*

Puedo...

entender los problemas y seguir trabajando si ya no puedo seguir adelante.

También puedo resolver problemas de varios pasos.

PITÓN
p pies cuadrados

SERPIENTE DE CASCABEL
c pies cuadrados

Área de observación

ANACONDA
1,928 pies cuadrados

Hábitos de razonamiento

¡Razona correctamente! Estas preguntas te pueden ayudar.

- ¿Qué necesito hallar?
- ¿Qué sé?
- ¿Cuál es mi plan para resolver el problema?
- ¿Qué más puedo intentar si no puedo seguir adelante?
- ¿Cómo puedo comprobar si mi solución tiene sentido?

¡Vuelve atrás! **Entender y perseverar** ¿Cómo puedes comprobar si tu solución tiene sentido?

Pregunta esencial ¿Cómo se puede entender un problema de varios pasos y perseverar para resolverlo?

A

Bryan y Alex tienen que comprar sus propios instrumentos para la banda. Alex ganó $1,025 con un evento para recaudar fondos. Tiene un empleo de tiempo parcial que paga $8 la hora. ¿Cuántas horas necesita trabajar Alex para comprar su instrumento?

La trompeta de Bryan cuesta $159.

¿Qué necesitas hacer para resolver este problema?

Necesito hallar cuánto cuesta la tuba de Alex y cuánto necesita ganar Alex para comprarla.

La tuba de Alex cuesta 9 veces la cantidad que cuesta la trompeta de Bryan.

Este es mi razonamiento.

B **¿Cómo puedo entender y resolver este problema?**

Puedo

- identificar las cantidades dadas.

- comprender cómo se relacionan las cantidades.

- escoger e implementar una estrategia adecuada.

- comprobar para asegurarme de que mi trabajo y mi respuesta tengan sentido.

C Usa el costo de la trompeta para hallar el costo de la tuba.

$$\$159 \times 9 = \$1,431 \quad \text{La tuba de Alex cuesta } \$1,431.$$

Halla cuánto más dinero necesita ganar Alex.

$$\$1,431 - \$1,025 = \$406 \quad \text{Alex necesita ganar } \$406.$$

Halla cuántas horas necesita trabajar Alex.

$$\$406 \div 8 = 50 \text{ R6}$$

Alex no conseguirá suficiente dinero si trabaja solo 50 horas; por tanto, necesita trabajar 51 horas.

¡Convénceme! **Entender y perseverar** ¿Cómo puedes comprobar para asegurarte de que el trabajo y la respuesta que se dan arriba tienen sentido?

☆ Práctica guiada

Entender y perseverar

En el problema de la página anterior, supón que Alex quiere saber cuántas semanas tardará en trabajar 51 horas. Alex trabaja 3 horas por día y 4 días por semana.

Piensa en esta pregunta como ayuda para perseverar cuando resuelves el problema. ¿Cuál es un buen plan para resolver el problema?

1. ¿Qué te piden que halles y cuál es la pregunta escondida?

2. Escribe y resuelve ecuaciones para resolver el problema. Asegúrate de indicar lo que cada variable representa.

3. ¿Tiene sentido tu respuesta? Explícalo.

☆ Práctica independiente

Entender y perseverar

El equipo de tenis de la escuela secundaria vende pelotas de tenis para reunir $500 para comprar equipos nuevos. Venden las pelotas a $2 cada una. ¿Obtendrán suficiente dinero si venden 4 cajas?

4. ¿Cuáles son las preguntas escondidas? Escribe ecuaciones para resolver cada una.

En una caja hay 24 estuches. Cada estuche tiene 3 pelotas de tenis.

5. ¿Obtendrá el equipo el dinero suficiente? Explícalo.

Resolución de problemas

Diseñar una bandera

El grupo de Rainey diseñó la bandera que se muestra para un proyecto de la clase. Usaron 234 pulgadas cuadradas de tela verde. Después de hacer una bandera, al grupo de Rainey le quedan 35 pulgadas cuadradas de tela amarilla. ¿Cómo puede calcular el grupo de Rainey el área total de la bandera?

2 veces la cantidad de tela verde que de tela anaranjada

3 veces la cantidad de tela verde que de tela amarilla

6. **Entender y perseverar** ¿Qué pregunta(s) escondida(s) necesitas responder primero?

Cuando entiendes un problema, compruebas que tu solución tenga sentido.

7. **Usar herramientas apropiadas** Dibuja diagramas y escribe ecuaciones para representar la(s) pregunta(s) escondida(s). Asegúrate de indicar lo que representa cada variable.

8. **Hacerlo con precisión** Usa tus dibujos y ecuaciones para hallar el área total de la bandera. Explica detenidamente, usando las unidades correctas.

9. **Entender y perseverar** ¿Qué información no se necesitaba para resolver el problema?

☆ ☆ ☆
Emparéjalo

Trabaja con un compañero. Señala una pista y léela.

Mira la tabla de la parte de abajo de la página y busca la pareja de esa pista. Escribe la letra de la pista en la casilla que corresponde.

Halla una pareja para cada pista.

Puedo...
restar números enteros de varios dígitos.

También puedo crear argumentos matemáticos.

Pistas

A La diferencia es exactamente 528.

E La diferencia está entre 100 y 105.

B La diferencia está entre 550 y 560.

F La diferencia está entre 470 y 480.

C La diferencia está entre 800 y 900.

G La diferencia es exactamente 392.

D La diferencia es exactamente 614.

H La diferencia está entre 70 y 80.

☐	☐	☐	☐
917 − 365	994 − 137	647 − 574	792 − 178
☐	☐	☐	☐
653 − 125	865 − 394	947 − 555	552 − 448

Repaso del vocabulario

A-Z
Glosario

Lista de palabras

- comparación de multiplicación
- comparación de suma
- ecuación
- producto
- propiedad asociativa de la multiplicación
- propiedad conmutativa de la multiplicación
- propiedad distributiva de la multiplicación
- variable

Comprender el vocabulario

Escribe V si la oración es *verdadera* o F si es *falsa*.

1. _____ La comparación de suma se usa cuando puedes multiplicar para hallar cómo se relaciona una cantidad con otra.

2. _____ La comparación de multiplicación se usa cuando una cantidad es *x* veces otra cantidad.

3. _____ Una oración numérica que usa un signo igual para mostrar que dos expresiones tienen el mismo valor se llama ecuación.

4. _____ La respuesta a un problema de resta se llama producto.

5. _____ Un símbolo o letra que representa un número se llama variable.

Rotula cada ejemplo con un término de la Lista de palabras.

6. $(3 \times 4) \times 5 = 3 \times (4 \times 5)$ _____

7. $3 \times (4 + 5) = (3 \times 4) + (3 \times 5)$ _____

8. $3 \times 4 \times 5 = 4 \times 3 \times 5$ _____

Usar el vocabulario al escribir

9. Seth escribió y resolvió la siguiente comparación:

   Halla 6 veces la cantidad 5.

   $6 \times 5 = n$
   $n = 30$

   Usa al menos 3 términos de la Lista de palabras para describir la comparación de Seth.

Grupo A | páginas 225 a 232

Escribe una oración de comparación para cada ecuación. Halla el valor de la variable que hace que la ecuación sea verdadera.

k es 9 veces la cantidad de 3.

$k = 9 \times 3$ $\qquad k = 27$

m es 6 más que 21.

$m = 6 + 21$ $\qquad m = 27$

Hay 30 manzanas y 6 plátanos en una canasta. ¿Cuántas veces la cantidad que hay de plátanos hay de manzanas en la canasta?

Sea v = cuántas veces la cantidad de manzanas hay de plátanos.

v veces la cantidad de 6 es 30.

$v \times 6 = 30$

Dado que $5 \times 6 = 30$, la cantidad de manzanas que hay en la canasta es 5 veces la cantidad de plátanos.

Refuerzo

Recuerda usar la suma o la resta cuando sabes cuántas más y la multiplicación o la división cuando sabes la cantidad de veces.

> Escribe y resuelve una ecuación que corresponda a las oraciones de comparación.

1. x es 21 más que 21.

2. Macon tiene 32 piedras en su colección. Tiene 4 veces la cantidad de piedras que tiene su hermano. ¿Cuántas piedras, p, tiene el hermano de Macon?

3. Pam tiene 24 lápices y 6 borradores. ¿Cuántas veces, v, la cantidad de borradores es la cantidad de lápices que tiene Pam?

Grupo B | páginas 233 a 240

En un restaurante, la comida para niños cuesta $5 y la comida para adultos cuesta $9. Una familia pidió 4 comidas para niños y 2 para adultos. Si usaron una tarjeta de regalo con un valor de $25, ¿cuánto pagarán en total por la comida?

T = precio total de la comida

$5	$5	$5	$5	$9	$9

¿Cuánto costaron todas las comidas?

$4 \times \$5 = \$20$ $\qquad 2 \times \$9 = \$18$

$T = \$20 + \$18$

$T = \$38$

T

$25	C

Usando la tarjeta de regalo, ¿cuál es el total?

$\$38 - \$25 = C$

$C = \$13$

Recuerda que debes hallar y responder primero a las preguntas escondidas.

1. Hay 64 cantantes en el coro. Los tenores y los sopranos están en filas separadas. Hay 8 cantantes en cada fila. Hay 4 filas de tenores. ¿Cuántas filas de sopranos hay?

2. Samantha tiene $600 ahorrados para un viaje. Compra un pasaje de avión a $120 y reserva un cuarto de hotel por $55 la noche para 4 noches. Si el viaje de Samantha dura 5 días y gasta la misma cantidad cada día, ¿cuánto puede gastar Samantha cada día?

13 niñas y 14 niños se anotaron para jugar al voleibol. Cada equipo requiere 6 jugadores. ¿Cuántos equipos pueden formarse y cuántos jugadores más se necesitan para formar un equipo más?

Halla la cantidad total de jugadores que se inscribieron.

$13 + 14 = j$

$27 = j$

Divide para hallar la cantidad de equipos que pueden formarse.

$27 \div 6 = e$

$4 \text{ R}3 = e$

Hay 3 estudiantes que no quedan en ningún equipo. Resta para hallar la cantidad de jugadores que se necesitan para formar un equipo.

$6 - 3 = j$

$3 = j$

Pueden formarse 4 equipos. Se necesitan 3 jugadores más para hacer otro equipo.

Recuerda que puedes dibujar diagramas de barras como ayuda si es necesario.

Resuelve cada problema de varios pasos. Escribe ecuaciones para mostrar cómo resuelves.

1. Keiva ganó $96 por vender collares y la mitad de esa cantidad por vender pulseras. ¿Cuánto dinero ganó Keiva en total por la venta de collares y pulseras?

2. Un albergue para perros y gatos usa 40 libras de comida para perros y 15 libras de comida para gatos para alimentar a los animales cada día. ¿Cuántas libras de comida para perros y para gatos en total se usan en siete días?

Piensa en tus respuestas a estas preguntas como ayuda para **entender** el problema.

Hábitos de razonamiento

- ¿Qué necesito hallar?
- ¿Qué sé?
- ¿Cuál es mi plan para resolver el problema?
- ¿Qué más puedo intentar si no puedo seguir adelante?
- ¿Cómo puedo comprobar si mi solución tiene sentido?

Recuerda que debes entender el problema antes de comenzar a resolverlo.

En un albergue local, los perros grandes se pueden adoptar a $10 cada uno y los perros pequeños a $5 cada uno. Hay 17 perros grandes en adopción. Si se adoptan todos los perros, el albergue obtendrá $215. ¿Cuántos perros pequeños hay en el albergue?

1. Halla las preguntas escondidas. Escribe ecuaciones para resolver cada una.

2. ¿Cuántos perros pequeños hay en el abergue?

1. Jason y sus 3 hermanos quieren comprar un regalo para su mamá. Tienen $314 ahorrados. Cada uno ahorrará $17 por semana hasta tener al menos $515 para el regalo. ¿Cuánto dinero ahorrarán después de 3 semanas? ¿Tendrán suficiente dinero para comprar el regalo?

A. ¿Cuáles son las preguntas escondidas?

B. Escribe ecuaciones que puedan usarse para responder a las preguntas escondidas. Luego, resuelve.

C. Escribe y resuelve una ecuación para hallar cuánto dinero ahorrarán después de 3 semanas. ¿Tendrán suficiente para comprar el regalo? Explícalo.

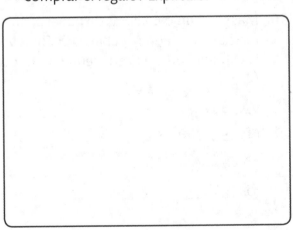

2. Marcos ordenó 2 sillas reclinables por $230 cada una y una mesa de café por $350. El costo de envío es $100. Marcos saldará la deuda en 5 pagos iguales. ¿De cuánto es cada uno de los pagos de Marcos?

Práctica para la evaluación

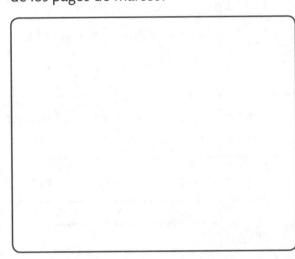

3. Mitchell quiere batir el récord de la mayor cantidad de puntos anotados en una temporada. Durante esta temporada anotó 51 puntos. Si anota 27 puntos en cada uno de los 7 partidos que vienen, batirá el récord por 1 punto. ¿Con cuántos puntos en total batirá el récord por 1 punto?

p puntos necesarios

27	27	27	27	27	27	27

$\boxed{} \times 27 = p \qquad p = \boxed{}$

m

51		$\boxed{}$	

$\boxed{} + 51 = m \qquad m = \boxed{}$

Mitchell batirá el récord por 1 punto si anota un total de $\boxed{}$ puntos.

4. Selecciona todas las oraciones que describan una comparación que use la multiplicación.

- ☐ 9 es 3 veces la cantidad *p*.
- ☐ 27 más que *r* es 41.
- ☐ Un autobús puede viajar a 3 veces la velocidad de un barco.
- ☐ 9 paquetes cuestan *d* dólares.
- ☐ La cantidad de niñas es 4 veces la cantidad de niños.

5. Escoge las palabras correctas del recuadro para completar las oraciones.

más que	veces la cantidad

45 es 9 [   ] 5.

120 es 68 [   ] 52.

86 es 12 [   ] 74.

33 es 3 [   ] 11.

6. Dee tiene $120 para gastar. Fue a la tienda y gastó $55. Luego, compró 3 macetas con flores a $18 cada una en un vivero. ¿Cuánto dinero le quedó? Selecciona cada ecuación o conjunto de ecuaciones que pueda usarse para responder a la pregunta correctamente.

- ☐ $120 − $55 = D; D − (3 × $18)
- ☐ $120 − $55 − (3 × $18) = D
- ☐ (3 × $18) − $55 − $120 = D
- ☐ ($120 − $55) − (3 × $18) = D
- ☐ $120 + $55 − (3 × $18) = D

7. Darcy pidió 18 cajas de globos rojos y 12 cajas de globos azules para una fiesta. Pidió 240 globos en total. ¿Cuántos globos hay en cada caja?

- Ⓐ 6
- Ⓑ 8
- Ⓒ 7
- Ⓓ 9

8. Selecciona todas las oraciones que son verdaderas para el número 9.

- ☐ 18 × ___ = 162
- ☐ 20 más que ___ = 180
- ☐ ___ veces la cantidad 16 es 145.
- ☐ 315 es ___ veces la cantidad 35.
- ☐ 16 × ___ = 128

9. Selecciona todas las expresiones que son iguales al producto de 14 y 9.

- ☐ (2 × 7) + 9
- ☐ 9 veces la cantidad 14
- ☐ 14 × 9
- ☐ 14 más que 9
- ☐ 9 menos que 14

10. Maggie reunió 63 libras de papel para reciclar. Carl reunió 9 libras. ¿Cuántas veces la cantidad de libras que reunió Carl reunió Maggie?

- Ⓐ 3 veces
- Ⓑ 5 veces
- Ⓒ 7 veces
- Ⓓ 8 veces

Salto con esquís

Jackie y su hermano mayor Robert fueron a esquiar. La tabla de **Salto con esquís** muestra sus mejores saltos, incluyendo la distancia del salto de cada uno y la distancia total de su recorrido.

Salto con esquís		
Distancia		
Característica	**Robert**	**Jackie**
Distancia del salto	297 pies	189 pies
Distancia total	3 veces la distancia del salto	3 veces la distancia del salto

1. Jackie quiere hallar qué tanto más largo fue el recorrido de Robert comparado con el suyo.

Parte A

¿Cuál es la distancia total del recorrido de Robert? Dibuja un diagrama de barras y escribe y resuelve una ecuación para representar el problema. ¿Esta situación usa la suma o la multiplicación para comparar?

Parte B

¿Qué tanto más largo fue el recorrido de Robert en relación al de Jackie? Escribe ecuaciones para representar cada paso del problema. Indica lo que representan las variables.

2. El recorrido de Jackie fue el mismo en dos saltos diferentes. En el primero, saltó 145 pies y recorrió 167 pies adicionales luego del salto. En el segundo, saltó 135 pies. ¿Cuántos pies, p, recorrió luego del salto?

3. Usa la información **Salto principiante** para hallar cuánto más larga es la longitud total de una colina para salto con esquís para un salto avanzado que para un salto principiante. La distancia para el salto avanzado es 408 pies.

> ## Salto principiante
>
> La distancia de un salto avanzado es 8 veces la distancia de un salto principiante.
>
> La longitud total de una colina para saltos principiantes mide 3 veces la distancia de un salto principiante.

Parte A

¿Cuáles son las preguntas escondidas que necesitas responder para resolver el problema? Nombra una variable para cada pregunta.

Parte B

¿Cuánto mayor es, d, la longitud total de una colina para saltos avanzados que la de una colina para saltos principiantes? Escribe ecuaciones y explica cómo resolver las preguntas escondidas y la pregunta original.

Factores y múltiplos

Preguntas esenciales: ¿Cómo se pueden usar matrices o la multiplicación para hallar los factores de un número? ¿Cómo se identifican los números primos y los números compuestos? ¿Cómo se hallan los múltiplos de un número?

Los animales tienen características que les permiten sobrevivir en sus hábitats.

Las plumas oscuras de los pingüinos absorben el calor del sol y conservan la temperatura en climas fríos.

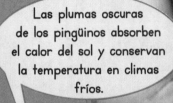

¡Los pingüinos viven en algunos de los lugares más fríos del planeta! Este es un proyecto sobre el reino animal y los múltiplos.

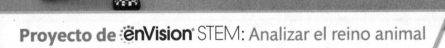

Proyecto de enVision STEM: Analizar el reino animal

Investigar Como defensa contra el frío, los pingüinos emperador se apiñan en grandes grupos. Usa la Internet u otros recursos para investigar cómo los ayuda esto a protegerse y a proteger a sus crías.

Diario: Escribir un informe Incluye lo que averiguaste. En tu informe, también:

- supón que 64 pingüinos se apiñan para conservar el calor. Usa una cuadrícula para dibujar todas las matrices posibles de 64.

- responde las siguientes preguntas. Si un grupo de 72 pingüinos se separa, ¿de cuántas maneras pueden formar grupos iguales? ¿72 es un número primo o compuesto? Escribe los pares de factores de 72 para mostrar todas las maneras en que los pingüinos pueden formar grupos iguales.

Nombre _____

⭐Repasa lo que sabes

🅰️ Vocabulario

Escoge el mejor término del recuadro.
Escríbelo en el espacio en blanco.

| • cociente | • divisor |
| • dividendo | • producto |

1. El _____ es la respuesta a un problema de división.

2. El número que se divide es el _____.

3. El _____ es el número que indica en cuántos grupos se divide algo.

Multiplicación

Halla los productos.

4. 8×4 **5.** 17×6 **6.** 304×9

7. 555×5 **8.** 22×26 **9.** 33×11

10. 56×70 **11.** 36×91 **12.** 27×48

13. 56×13 **14.** 12×19 **15.** 36×16

División

Halla los cocientes.

16. $27 \div 3$ **17.** $56 \div 8$ **18.** $36 \div 4$

19. $72 \div 9$ **20.** $39 \div 3$ **21.** $64 \div 4$

22. $105 \div 5$ **23.** $824 \div 4$ **24.** $942 \div 3$

25. $9,156 \div 3$ **26.** $2,156 \div 4$ **27.** $4,136 \div 8$

Resolución de problemas

28. Representar con modelos matemáticos Cecilia compró 2 sándwiches la semana pasada y 4 sándwiches esta semana. En total gastó $42. Si cada sándwich cuesta la misma cantidad, ¿cuánto gastó Cecilia en cada sándwich? Escribe ecuaciones y resuélvelas.

PROYECTO 7A

¿Dónde se encuentra el Parque Nacional Cueva Colosal?

Proyecto: Haz el modelo de un campamento

PROYECTO 7B

¿Cuántas personas caben en el estadio de básquetbol de una escuela?

Proyecto: Crea un estadio de básquetbol

PROYECTO 7C

¿Cuántos arreglos de macetas ves?

Proyecto: Diseña un arreglo de plantas para una tienda

Representación matemática

Actitud positiva

Video

Antes de ver el video, piensa:

Las personas que trabajan en tiendas de abarrotes realizan diferentes tareas. Algunos empleados apilan productos para que la gente los compre. Otros limpian cuando a las personas se les caen frascos de salsa de tomate al piso. Si un empleado apiló frascos, otro seguramente vendrá pronto a limpiar el piso.

Puedo...
representar con modelos matemáticos para resolver problemas que incluyen la estimación y usan factores y múltiplos.

Nombre_____

Resuélvelo y coméntalo

Los alumnos de cuarto grado de la escuela Ames tienen 24 alfombras cuadradas. Indica todas las maneras en que pueden ordenar las alfombras cuadradas para formar una matriz rectangular. *Resuelve este problema de la manera que prefieras.*

Puedo...
hallar los pares de factores de un número entero.

También puedo buscar patrones para resolver problemas.

Puedes usar papel cuadriculado o fichas cuadradas para hallar todas las matrices posibles.

¡Vuelve atrás! **Buscar relaciones** ¿Qué patrones observas en las matrices?

Pregunta esencial

¿Cómo se pueden usar matrices para hallar los pares de factores de un número?

A

El director de la orquesta intenta hallar la mejor manera de ordenar las sillas para una presentación. Las sillas deben formar una matriz rectangular. ¿Cuántas maneras hay de ordenar las sillas para que formen una matriz rectangular? Usa cuadrículas para mostrar todas las maneras en que se pueden ordenar las sillas.

A los pares de números enteros cuya multiplicación da como resultado un producto determinado se los llama pares de factores de ese número. Piensa en la multiplicación para descomponer un número en sus factores.

12 sillas

B

1 fila de 12 sillas
12 filas de 1 silla

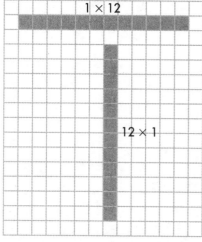

1×12

12×1

1 y 12 son un par de factores.

C

2 filas de 6 sillas
6 filas de 2 sillas

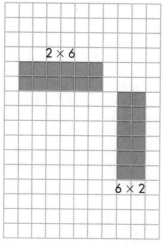

2×6

6×2

2 y 6 son un par de factores.

D

3 filas de 4 sillas
4 filas de 3 sillas

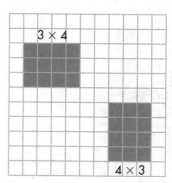

3×4

4×3

3 y 4 son un par de factores.

Hay 6 maneras posibles de ordenar las 12 sillas.

¡Convénceme! **Evaluar el razonamiento** Blake dice "Los números más grandes siempre tendrán más factores". ¿Estás de acuerdo? Explícalo.

☆Práctica guiada

¿Lo entiendes?

1. ¿Cómo se relacionan los factores de 12 con las longitudes de los lados de las matrices que se muestran en las cuadrículas de la página anterior?

2. ¿Cuáles son las longitudes de los lados de las matrices que muestran cómo se pueden ordenar 5 sillas?

¿Cómo hacerlo?

Para **3** y **4**, halla todos los pares de factores de cada número. Puedes usar cuadrículas para ayudarte.

3. 6   **4.** 16

Para **5** y **6**, halla los factores de cada número.

5. 45   **6.** 30

☆Práctica independiente

Para **7** y **8**, usa las cuadrículas para hallar todas las matrices posibles para los números. Usa las matrices como ayuda para escribir los factores.

7. 9

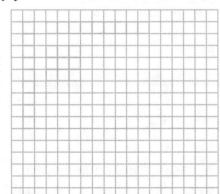

8. 14

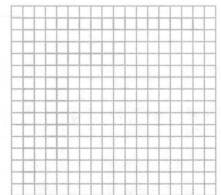

En **9** a **14**, usa cuadrículas para hallar el par o los pares de factores para cada número.

9. 5   **10.** 25

11. 8   **12.** 36

13. 23   **14.** 27

Resolución de problemas

15. Razonar Usa la cuadrícula para hallar dos números que tengan 2 y 3 como factores.

Dibuja matrices con longitudes de lado que tengan 2 y 3 como factores.

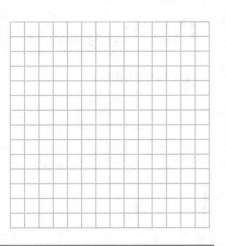

16. El planeta enano Plutón tarda unos 90,403 días en recorrer su órbita alrededor del Sol. Escribe este número en forma desarrollada y usando el nombre de los números.

17. David gana 17 dólares por hora y trabaja 25 horas por semana. Linda gana 25 dólares por hora y trabaja 17 horas por semana. ¿Cuánto ganan en conjunto David y Linda por semana? ¿Qué propiedad de la multiplicación representa esta situación?

18. ¿Qué observas en la cantidad de matrices posibles y la cantidad de factores de 22?

19. Razonamiento de orden superior Jane dice que 5 es un factor de todos los números enteros que tienen un 5 en el lugar de las unidades. Fred dice que 5 es un factor de todos los números enteros que tienen un 0 en el lugar de las unidades. ¿Quién tiene razón? Explícalo.

✓ **Práctica para la evaluación**

20. ¿Cuáles de los siguientes números son factores de 18 y 42? Selecciona todos los que apliquen.

☐ 1

☐ 3

☐ 4

☐ 6

☐ 14

21. ¿Cuáles de los siguientes números tienen 2, 3 y 4 como factores? Selecciona todos los que apliquen.

☐ 86

☐ 72

☐ 36

☐ 32

☐ 24

Nombre _____

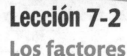

Resuélvelo y coméntalo

Jared tiene 20 flores. Quiere plantar todas las flores en su jardín en filas que tengan la misma cantidad de flores. ¿Cuáles son las distintas maneras en que Jared puede ordenar las flores en filas iguales? *Resuelve este problema de la manera que prefieras.*

Puedo...
usar la multiplicación para hallar los pares de factores de un número entero.

También puedo entender bien los problemas.

Puedes usar lo que sabes sobre la multiplicación de números enteros para hallar filas iguales.

¡Vuelve atrás! **Entender y perseverar** ¿Cómo puedes comprobar si hallaste todas las maneras diferentes en que Jared puede plantar las flores?

Pregunta esencial

¿Cómo se puede usar la multiplicación para hallar los factores de un número?

A

Jean quiere ordenar sus muñecos de juguete en grupos iguales. ¿Cuáles son todas las maneras en que Jean puede ordenar sus muñecos de juguete?

Jean puede pensar en todos los pares de factores de 16. Los pares de factores de un número son dos números que cuando se multiplican dan ese producto determinado.

16 muñecos de juguete

B   1 grupo de 16

16 grupos de 1

Jean puede ordenar 1 grupo de 16 muñecos o 16 grupos de 1 muñeco.

$1 \times 16 = 16$
$16 \times 1 = 16$

Por tanto, 1 y 16 son factores de 16.

C   8 grupos de 2

2 grupos de 8

Jean puede ordenar 8 grupos de 2 muñecos o 2 grupos de 8 muñecos.

$2 \times 8 = 16$
$8 \times 2 = 16$

Por tanto, 2 y 8 son factores de 16.

D   4 grupos de 4

Jean puede ordenar 4 grupos de 4 muñecos. 4 es un factor de 16.

$4 \times 4 = 16$

Los pares de factores de 16 son 1 y 16, 2 y 8 y 4 y 4.

¡Convénceme! **Construir argumentos** ¿Cómo sabes si no hay más factores de 16 además de 1, 2, 4, 8 y 16? Explícalo.

☆Práctica guiada

¿Lo entiendes?

1. Jean compró 7 muñecos de juguete más. ¿Qué grupos iguales puede formar ahora?

2. ¿Qué factor tienen todos los números pares además del 1?

¿Cómo hacerlo?

Para **3** a **6**, escribe los factores de los números. Usa fichas como ayuda para resolverlos.

3. 2   **4.** 20

5. 28   **6.** 54

☆Práctica independiente

Práctica al nivel Para **7** a **12**, escribe los pares de factores de los números.

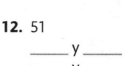

Recuerda que los factores de un número siempre incluyen 1 y el número.

7. 34

_____ y 34

2 y _____

8. 39

1 y _____

_____ y 13

9. 61

1 y _____

10. 14

_____ y _____

_____ y _____

11. 22

_____ y _____

_____ y _____

12. 51

_____ y _____

_____ y _____

Para **13** a **21**, escribe los factores de los números. Usa fichas como ayuda para resolverlos, si es necesario.

13. 6

14. 32

15. 83

16. 11

17. 49

18. 25

19. 30

20. 63

21. 19

22. Irene quiere hacer una lista de los factores de 88. Escribe 2, 4, 8, 11, 22, 44 y 88. ¿Tiene razón Irene? Explícalo.

23. enVision® STEM Las raíces de una planta suelen ser la parte más larga de la planta. Los tejidos de las raíces del centeno de invierno pueden llegar a superar los 984,000 pies de largo. Escribe este número en forma desarrollada.

24. Representar con modelos matemáticos Un restaurante recibe un envío de 5,000 paquetes de ketchup. En una semana, se usan 1,824 paquetes. La semana siguiente se usan 2,352 paquetes. Escribe y resuelve ecuaciones para hallar cuántos paquetes de ketchup le quedan al restaurante.

25. Cualquier número que tiene 9 como factor también tiene 3 como factor. ¿Cuál es la razón?

26. Razonamiento de orden superior La mamá manatí que se muestra a la derecha tiene tres veces la longitud de su bebé manatí.

a. ¿Cuál es la longitud del bebé manatí? Escribe una ecuación y resuélvela.

b. Si una ballena azul tiene 9 veces la longitud del manatí que se muestra, ¿cuánto más larga que el manatí es la ballena azul? Escribe ecuaciones y resuélvelas.

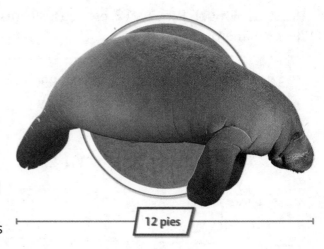

12 pies

Práctica para la evaluación

27. ¿Qué número tiene 3 y 29 como uno de sus pares de factores?

Ⓐ 3

Ⓑ 17

Ⓒ 67

Ⓓ 87

28. El gerente de una tienda quiere ordenar 45 latas de sopa en una matriz. ¿Qué opción muestra 3 maneras de ordenar las latas?

Ⓐ $1 \times 9, 9 \times 5, 3 \times 15$

Ⓑ $15 \times 3, 9 \times 1, 5 \times 9$

Ⓒ $5 \times 9, 3 \times 15, 9 \times 5$

Ⓓ $45 \times 1, 15 \times 1, 9 \times 1$

Nombre _____

Resuélvelo y coméntalo

Una compañía que vende armarios, también vende cubículos de madera para guardar cosas. Jane compró 24 cubículos. Quiere acomodarlos en una matriz rectangular. ¿Cuáles son todas las maneras en que Jane puede acomodarlos, usando todos los cubículos? Explica cómo sabes que hallaste todas las formas.

Lección 7-3
Razonamientos repetidos

Puedo...
usar el razonamiento repetido para generalizar cómo resolver problemas similares.

También puedo usar la propiedad conmutativa de la multiplicación para resolver problemas.

DATOS

Estos cubículos están ordenados en una matriz.	**Estos cubículos no están ordenados en una matriz.**
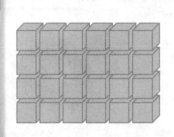	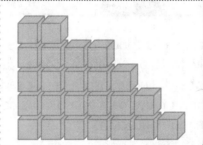

Hábitos de razonamiento

¡Razona correctamente! Estas preguntas te pueden ayudar.

- ¿Se repiten algunos cálculos?
- ¿Puedo hacer generalizaciones a partir de los ejemplos?
- ¿Qué métodos cortos puedo ver en el problema?

¡Vuelve atrás! **Generalizar** ¿Tienes que probar con todos los números de 1 a 24 para estar seguro de que tienes todos los pares de factores de 24? Explícalo.

¿Cómo se puede usar el razonamiento repetido para hallar todos los factores de un número?

A

Se está por inaugurar un parque en la ciudad. El jardinero tiene que escoger 15 árboles de un vivero y plantarlos en una matriz rectangular. ¿Cuáles son todas las maneras en que el jardinero puede plantar los árboles?

¿Puedes encontrar un método general para resolver este problema?

Puedo hallar todos los factores posibles de 15 que se puedan ordenar en una matriz rectangular.

Escoge 15 árboles para plantar.

Este es mi razonamiento.

B

¿Cómo puedo hacer una generalización a partir del razonamiento repetido?

Puedo

- buscar cosas que se repitan en el problema.

- buscar métodos cortos.

- generalizar a partir del ejemplo.

C

Para hallar todos los factores de **15**, divido 15 por divisores comenzando por el 1. Luego, uso la propiedad conmutativa para escribir dos ecuaciones de multiplicación.

$1 \times 15 = 15$ y $15 \times 1 = 15$
2 no es un factor
$3 \times 5 = 15$ y $5 \times 3 = 15$
4 no es un factor
$5 \times 3 = 15$ y $3 \times 5 = 15$

Ya hallé el factor que forma el par con **5**, 3×5 y 5×3.

El jardinero tiene 4 maneras de plantar los árboles: matrices de 1×15, 15×1, 5×3 y 3×5.

Cuando los pares de factores se empiezan a repetir, puedes hacer un enunciado general o generalizar que ya hallaste todos los factores de un número.

¡Convénceme! **Construir argumentos** El diagrama muestra todos los pares de factores de 24. Usa el diagrama para justificar la conclusión de que cuando los pares de factores se empiezan a repetir sabes que hallaste todos los factores de un número.

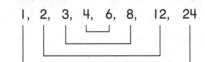

1, 2, 3, 4, 6, 8, 12, 24

⭐Práctica guiada

Generalizar

La Sra. Maribel quiere ordenar los 20 escritorios de su salón de clases en filas poniendo la misma cantidad de escritorios. Quiere al menos 2 filas pero no más de 8.

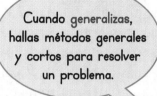
Cuando generalizas, hallas métodos generales y cortos para resolver un problema.

1. ¿Cuáles son los pares de factores de 20? Explica cómo sabes que hallaste todos.

2. Halla las maneras en que la Sra. Maribel puede ordenar los escritorios.

⭐Práctica independiente

Generalizar

Kevin invitó a 15 amigos a su fiesta de cumpleaños. Jugaron un juego en el que todos se tenían que dividir en grupos. Cada grupo debía tener la misma cantidad de niños. No se podía jugar el juego si los 16 niños formaban un solo grupo, y cada grupo tenía que tener más de 1 niño.

3. Haz una lista de los pares de factores de 16 y, luego, halla las distintas maneras en que Kevin y sus amigos se pueden dividir en grupos.

4. ¿Por qué 16 tiene una cantidad impar de factores?

5. ¿Puedes dejar de buscar pares de factores cuando hallas un par que se repite? Explícalo.

Resolución de problemas

Exhibidores de productos

Una tienda de mascotas tiene que armar 3 exhibidores con los productos que se muestran. Hay que colocar la misma cantidad de cajas de arena para gatos en cada fila. Tiene que haber al menos 3 filas y al menos 3 cajas en cada fila. ¿Cuáles son todas las maneras en que se pueden colocar las cajas de arena para gatos?

50 peceras	48 cajas de arena para gatos	88 bolsas de alimento para perros

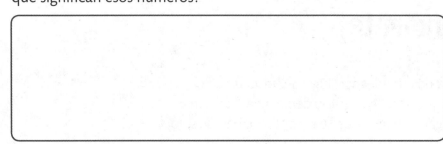

6. **Entender y perseverar** ¿Qué cantidades se dan en el problema y qué significan esos números?

Cuando observas repeticiones en los cálculos, puedes generalizar para resolver problemas.

7. **Razonar** ¿Cuáles son los pares de factores de 48?

8. **Hacerlo con precisión** ¿Cuáles son todas las maneras en que se pueden colocar las cajas de arena para gatos en al menos 3 filas y con al menos 3 cajas en cada fila?

Nombre _____

Resuélvelo *y coméntalo*

Max tiene 2 fichas cuadradas rojas, 3 fichas cuadradas azules, 4 fichas cuadradas amarillas y 8 fichas cuadradas verdes. ¿Cuántas matrices rectangulares diferentes de cada color puede Max hacer? Explica cómo sabes que hallaste todas las matrices. *Resuelve este problema de la manera que prefieras.*

Puedo...
usar factores para determinar si un número entero es primo o compuesto.

También puedo usar la propiedad conmutativa de la multiplicación para resolver problemas.

Puedes razonar. Halla los factores de cada cantidad de fichas como ayuda para hallar la cantidad de matrices.

¡Vuelve atrás! ¿Qué observas acerca de los factores de las cantidades de fichas cuadradas de colores y la cantidad de matrices?

Pregunta esencial ¿Cómo se pueden identificar los números primos y compuestos?

A

En la tabla de datos se incluyen los factores de 2, 3, 4, 5 y 6. ¿Qué observas acerca de los factores de 5? ¿Qué observas acerca de los factores de 6?

DATOS

Número	Factores
2	1, 2
3	1, 3
4	1, 2, 4
5	1, 5
6	1, 2, 3, 6

Un número primo es un número entero mayor que 1 que tiene exactamente dos factores: 1 y el número mismo.

Un número compuesto es un número entero mayor que 1 que tiene más de dos factores.

B **Números primos**

5 es un número primo.
Tiene solo 2 factores, 1 y él mismo.

$1 \times 5 = 5$ $5 \times 1 = 5$

El número 1 es un número especial. No es primo ni compuesto.

C **Números compuestos**

6 es un número compuesto.
Los factores de 6 son 1, 2, 3 y 6.

$1 \times 6 = 6$ $6 \times 1 = 6$

$2 \times 3 = 6$ $3 \times 2 = 6$

¡Convénceme! **Generalizar** ¿Puede un número ser primo y compuesto? Explícalo.

Práctica Herramientas Evaluación

☆Práctica guiada

¿Lo entiendes?

1. ¿Cuál es el único número primo que es par?

2. Escribe un número impar que no sea primo. ¿Por qué es un número compuesto?

3. Roger tiene 47 carros. ¿Puede agrupar los carros de más de 2 maneras?

¿Cómo hacerlo?

Para **4** a **9**, indica si los números son primos o compuestos.

4. 32   **5.** 51

6. 73   **7.** 21

8. 95   **9.** 29

Un número es compuesto si tiene más de 2 factores.

☆Práctica independiente

Práctica al nivel Para **10** a **19**, indica si los números son primos o compuestos.

10. 7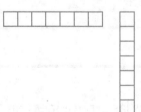

11. 10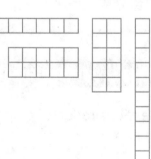

12. 12   **13.** 97   **14.** 90   **15.** 31

16. 11   **17.** 44   **18.** 3   **19.** 59

Resolución de problemas

Para **20** y **21**, usa la gráfica de la derecha.

20. ¿Qué tipo de flor recibió una cantidad de votos que es un número primo?

21. ¿Cuántos votos representa la pictografía?

Flores favoritas

Narcisos	🌼 🌼 🌼
Margaritas	🌸 🌸 🌸
Tulipanes	🌷 🌷 🌷 🌷 🌷

Clave: Cada ícono de una flor equivale a 2 votos.

22. Evaluar el razonamiento María dice que todos los números de la decena del noventa al noventa y nueve son compuestos. Jackie dice que un número de esa decena es primo. ¿Quién tiene razón? Explica tu respuesta.

23. Evaluar el razonamiento Greta dice que el producto de dos números primos también debe ser primo. Joan no está de acuerdo. ¿Quién tiene razón?

24. Janelle tiene 342 monedas de 1¢, 62 monedas de 5¢ y 12 monedas de 10¢. Si Janelle cambia sus monedas por billetes, ¿cuántos dólares tendrá? ¿Cuántos centavos le quedarán?

25. Razonamiento de orden superior ¿Por qué 1 no es un número primo ni un número compuesto?

☑ Práctica para la evaluación

26. Selecciona todos los grupos de números que son primos.

- ☐ 17, 19, 53
- ☐ 37, 43, 79
- ☐ 52, 67, 99
- ☐ 63, 72, 83
- ☐ 59, 89, 97

27. Selecciona todas las expresiones con sumas que son compuestas.

- ☐ 17 + 25
- ☐ 33 + 51
- ☐ 16 + 83
- ☐ 29 + 32
- ☐ 47 + 29

Resuélvelo y coméntalo

Hay 9 jugadores en el campo de prácticas de golf. Si cada jugador practica con la misma cantidad de bolas de golf, ¿cuántas bolas puede haber en juego al mismo tiempo? *Resuelve este problema de la manera que prefieras.*

Puedo...
multiplicar para hallar los múltiplos de un número.

También puedo usar la propiedad conmutativa de la multiplicación para resolver problemas.

Puedes razonar. ¿Qué observas acerca de la cantidad de bolas en juego?

Bolas de golf en juego	
Bolas por jugador	Bolas en juego
1	$1 \times 9 = 9$ bolas en juego
2	$2 \times 9 = 18$ bolas en juego
3	$3 \times 9 = 27$ bolas en juego
4	
5	

¡Vuelve atrás! ¿Puedes mostrar todas las respuestas al problema? Explícalo.

 Pregunta esencial

¿Cómo se pueden hallar múltiplos de un número?

A

El Carro A de la rueda de Chicago tarda 8 minutos en dar una vuelta completa. Si la rueda sigue girando a la misma velocidad durante una hora, ¿en qué momentos pasará el Carro A por el punto de partida durante esa hora?

Un múltiplo es el producto de un factor dado y un número entero.

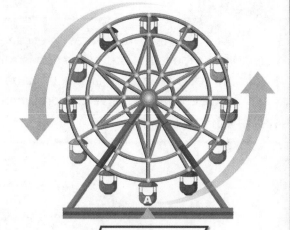

punto de partida

B Paso 1

Una vuelta completa tarda 8 minutos.

$$1 \times 8 = 8$$

8 es un múltiplo de 1 y 8 porque $1 \times 8 = 8$.

El Carro A está de vuelta en el punto de partida después de 8 minutos.

C Paso 2

Dos vueltas completas tardan 16 minutos.

$$2 \times 8 = 16$$

El Carro A está de vuelta en el punto de partida después de otros 8 minutos.

2 y 8 son *factores* de 16. 16 es un *múltiplo* de 2 y 8.

D Paso 3

El Carro A vuelve al punto de partida cada 8 minutos.

$$3 \times 8 = 24$$
$$4 \times 8 = 32$$
$$5 \times 8 = 40$$
$$6 \times 8 = 48$$
$$7 \times 8 = 56$$

Durante una hora, el Carro A regresa al punto de partida después de 8, 16, 24, 32, 40, 48 y 56 minutos.

¡Convénceme! **Razonar** ¿Cuál es el múltiplo que sigue después de 56? Explica por qué **NO** se usa.

Otro ejemplo

Llamamos factores a los números cuando están en una multiplicación y, por lo tanto, dan como resultado un producto. Un número entero es un múltiplo de cada uno de sus factores.

Los factores de 24 son 1, 2, 3, 4, 6, 8, 12 y 24.
24 es un múltiplo de 1, 2, 3, 4, 6, 8, 12 y 24.

☆ Práctica guiada

¿Lo entiendes?

1. Si la rueda de Chicago del ejemplo de la página anterior gira a la misma velocidad, ¿volverá el Carro A al punto de partida a los 75 minutos? Explícalo.

2. Supón que la rueda de Chicago aumenta la velocidad y da una vuelta completa cada 6 minutos. ¿En qué momentos regresará el Carro A al punto de partida si la rueda sigue girando durante media hora?

¿Cómo hacerlo?

Para **3** y **4**, escribe cinco múltiplos de cada número.

3. 2   **4.** 9

Para **5** y **6**, indica si el primer número es un múltiplo del segundo número.

5. 14, 2   **6.** 3, 18

☆ Práctica independiente

Para **7** a **14**, escribe cinco múltiplos de los números.

Puedes contar salteado para hallar múltiplos. Hazlo con precisión.

7. 7   **8.** 4   **9.** 6   **10.** 5

11. 11   **12.** 1   **13.** 20   **14.** 15

Para **15** a **18**, indica si el primer número es un múltiplo del segundo número.

15. 44, 6   **16.** 25, 5   **17.** 30, 6   **18.** 54, 9

Resolución de problemas

19. Nombra todos los números de los cuales 45 es un múltiplo.

20. Evaluar el razonamiento Lindsay dice que todos los números que son múltiplos de 4 tienen 2 como factor. ¿Tiene razón Lindsay? Explícalo.

21. Trisha compró bolsas para pelotas de tenis. Hay ocho pelotas de tenis en cada bolsa. ¿Puede Trisha tener 75 pelotas de tenis?

22. Razonamiento de orden superior Gerri dice que si un número es múltiplo de 9 también es múltiplo de 3. ¿Estás de acuerdo? Explícalo.

23. Describe cómo se relacionan 20,000 y 2,000.

24. Isabel escribió este acertijo: El cociente es un múltiplo de 6. El dividendo es un múltiplo de 9. El divisor es un factor de 12. Halla una solución posible para el acertijo de Isabel.

☑ Práctica para la evaluación

25. Latifa y John jugaron a un juego de múltiplos. Cada jugador levanta una tarjeta numérica y dice un múltiplo de ese número. Latifa levantó un 9. Escribe todos los múltiplos de 9 que hay en el recuadro.

| 9 | 17 | 29 |
| 36 | 45 | 51 |

Múltiplos de 9

☐

☐

☐

26. Una montaña rusa hace un recorrido completo cada 3 minutos. Seth hizo una lista de múltiplos de 3 para determinar cuándo volverá el carro al punto de partida. Escribe todos los múltiplos de 3 que hay en el recuadro.

| 9 | 11 | 12 |
| 13 | 19 | 33 |

Múltiplos de 3

☐

☐

☐

Sombrea una ruta que vaya desde la **SALIDA** hasta la **META**. Sigue las sumas y restas que sean correctas. Solo te puedes mover hacia arriba, hacia abajo, hacia la derecha o hacia la izquierda.

Puedo...

sumar y restar números enteros de varios dígitos.

También puedo hacer mi trabajo con precisión.

Salida				
573 + 417 990	685 − 559 137	808 + 123 921	609 − 541 48	501 + 469 170
491 − 188 303	347 + 607 954	948 − 558 410	505 + 125 620	987 − 696 311
764 + 346 1,000	994 − 405 589	874 + 721 1,595	894 − 455 449	369 + 290 669
668 − 485 253	762 + 901 2,663	941 − 725 216	640 + 89 729	537 − 271 806
119 + 679 698	977 − 239 642	987 + 111 998	812 − 99 713	335 + 25 360
				Meta

TEMA 7 · Repaso del vocabulario

Lista de palabras

- factor
- generalización
- matriz
- múltiplo
- número compuesto
- número entero
- número primo
- pares de factores

Comprender el vocabulario

1. Marca con una *X* los números que **NO** son factores de 16.

   1   2   3   4   8

2. Marca con una *X* los números que **NO** son múltiplos de 3.

   3   6   9   13   23

3. Marca con una *X* los números que **NO** son números enteros.

   $\frac{1}{4}$ $\frac{1}{2}$ 7 $17\frac{1}{5}$ 6,219

4. Marca con una *X* los números que **NO** son pares de factores de 24.

   1 y 24   2 y 12   3 y 6   4 y 8   4 y 6

Rotula los ejemplos con un término de la Lista de palabras.

5. 13   _____

6. 12   _____

7. ●●●   _____

8. Cuando los pares de factores se empiezan a repetir,   _____
   significa que ya hallé todos los pares para un número.

Usar el vocabulario al escribir

9. Marisol dice que 23 es un número primo y un número compuesto
   porque 2 y 3 son números primos. Usa al menos 3 términos de la
   Lista de palabras para explicar el error en el razonamiento de Marisol.

Grupo A páginas 261 a 264 _____

Dibuja matrices para hallar todos los pares de factores de 8.

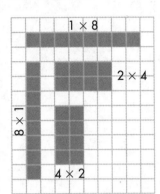

1 × 8

2 × 4

8 × 1

4 × 2

1 fila de 8
8 filas de 1

2 filas de 4
4 filas de 2

Recuerda que 1 es un factor de todos los números.

Usa papel cuadriculado para hallar los pares de factores de cada número.

1. 26

2. 9

3. 37

4. 24

5. 19

Los pares de factores de 8 son 1 y 8, 2 y 4.

Grupo B páginas 265 a 268 _____

Halla los pares de factores de 12.

1 y 12

2 y 6

3 y 4

Los factores de 12 son 1, 2, 3, 4, 6 y 12.

Recuerda que puedes usar fichas o cuadrículas para hacer matrices y hallar los factores de un número.

Halla los factores de cada número.

1. 45

2. 40

3. 56

4. 63

Grupo C páginas 269 a 272 _____

Piensa en tus respuestas a estas preguntas como ayuda para usar el **razonamiento repetido**.

Hábitos de razonamiento

- ¿Se repiten algunos cálculos?

- ¿Puedo hacer generalizaciones a partir de los ejemplos?

- ¿Qué métodos cortos puedo ver en el problema?

Recuerda que debes buscar los factores que se repiten cuando divides para hallar los pares de factores de un número.

Un ayudante en un estacionamiento tiene 34 carros para estacionar en una matriz rectangular.

1. ¿Cuáles son las distintas maneras en que el ayudante puede estacionar los carros?

2. ¿Cómo sabes cuándo puedes dejar de buscar factores de un número?

¿49 es un número primo o compuesto?

Para determinar si 49 es un número primo o compuesto, halla si tiene otros factores además de 1 y 49.

49 es un número compuesto porque es divisible por 7.

$49 = 7 \times 7$

Recuerda que puedes usar una matriz para determinar si un número es primo o compuesto.

Indica si los números son primos o compuestos.

1. 13

2. 25

3. 55

4. 2

5. 29

6. 23

7. 64

8. 99

9. 5

10. 21

Halla cinco múltiplos de 7.

Usa la multiplicación.

$7 \times 1 = 7$

$7 \times 2 = 14$

$7 \times 3 = 21$

$7 \times 4 = 28$

$7 \times 5 = 35$

Puedes contar salteado para hallar múltiplos de un número.

Recuerda que para hallar múltiplos de un número, debes multiplicar ese número por cualquier número entero.

Halla cinco múltiplos de cada número.

1. 3

2. 6

3. 4

4. 9

Indica si el primer número es un múltiplo del segundo número.

5. 22, 2

6. 29, 3

7. 25, 5

8. 40, 8

284 **Tema 7** | Refuerzo

1. Courtney tiene que colgar 36 fotos en la pared de una galería.

A. ¿Cuántas matrices puede hacer Courtney con las 36 fotos? Haz una lista de todas las matrices posibles.

B. ¿Cuántos factores tiene 36? Escríbelos. ¿Qué observas acerca de la cantidad de factores de 36 y la cantidad de matrices que puede hacer Courtney con las fotos?

C. Escribe todos los pares de factores de 36. ¿36 es primo o compuesto? Explícalo.

Práctica para la evaluación

2. Determina si los números de cada fila son **factores** o **múltiplos** de 16.

	Factores	Múltiplos
16, 48	☐	☐
1, 2, 4	☐	☐
8, 16	☐	☐
32, 64	☐	☐

3. ¿Qué enunciado es verdadero?

Ⓐ Los únicos factores de 3 son 3 y 1; por tanto, 3 es primo.

Ⓑ Los únicos factores de 4 son 4 y 1; por tanto, 4 es primo.

Ⓒ Los únicos factores de 5 son 5 y 1; por tanto, 5 es compuesto.

Ⓓ Los únicos factores de 8 son 8 y 1; por tanto, 8 es compuesto.

4. Determina si cada número es primo o compuesto. Luego escribe todos los factores para cada número.

19, 33

5. Selecciona todas las ecuaciones que tienen un dividendo que es múltiplo de 4 y un cociente que es factor de 18.

☐ $8 \div 4 = 2$ ☐ $48 \div 8 = 6$

☐ $18 \div 6 = 3$ ☐ $16 \div 4 = 4$

☐ $36 \div 3 = 12$

6. Escribe 3 múltiplos y 3 factores de 24.

7. Escribe dos múltiplos de 3 que tengan factor 7. Usa ecuaciones para explicar.

8. Selecciona todos los enunciados verdaderos.

☐ 33 tiene más de dos factores.

☐ Todos los factores de 34 son números pares.

☐ 35 tiene exactamente dos factores.

☐ 3 es un factor de 36.

☐ 37 es un número primo.

☐ 38 es un número compuesto.

9. Martika dice que los factores y los múltiplos se relacionan. Usa la ecuación $6 \times 7 = 42$ para describir la relación entre los factores y los múltiplos.

10. ¿Qué opción muestra todos los factores de 25 que también son primos?

Ⓐ 1, 25

Ⓑ 5

Ⓒ 1, 10, 25

Ⓓ 5, 25

11. Carter vive en una calle en la que todos los números de las casas son múltiplos de 6. Menciona dos números posibles de casas entre 70 y 80. Explícalo.

12. Escribe todos los factores de 30 que son también números primos.

13. Javier dice que todos los números impares mayores que 2 y menores que 20 son primos. Halla un número impar mayor que 2 y menor que 20 que **NO** sea primo. Explica por qué el número no es primo.

Nombre _____

Acomodar carros para vender

La Sra. Ortiz tiene una concesionaria de carros. La concesionaria tiene el inventario de carros que se muestra en la tabla **Concesionaria de carros Ortiz**.

1. La Sra. Ortiz quiere acomodar todos los camiones en el terreno del frente. Le gustaría que hubiera la misma cantidad de vehículos en cada fila.

Parte A

¿De cuántas maneras diferentes se pueden acomodar los camiones en el terreno del frente si se estacionan la misma cantidad de vehículos en cada fila?

DATOS	Concesionaria de carros Ortiz	
	Tipo de vehículo	Cantidad que tiene la concesionaria
	Compactos	40
	Sedán	36
	Todo terreno	23
	Camiones	15

Parte B

¿Cuáles son todas las maneras en que se pueden acomodar los camiones? Dibuja y rotula las distintas matrices.

Parte C

La Sra. Ortiz quiere que los camiones estén dispuestos en más de 2 filas pero en menos de 6. ¿De qué maneras puede acomodar los vehículos? Explícalo.

2. A medida que la Sra. Ortiz vende carros tipo sedán, los que quedan se estacionan de diferentes maneras.

Completa la tabla **Disposición de carros tipo sedán** para hallar la cantidad de maneras en que la Sra. Ortiz puede acomodar los carros tipo sedán en el terreno del frente para que haya al menos 2 filas y más de un carro en cada fila.

Disposición de carros tipo sedán

Carros sedán vendidos	Cantidad que queda	Cantidad de maneras de acomodarlos	Maneras de acomodarlos
1			
2			
3			
4			
5			
6			
7			

Glosario

A

algoritmo Conjunto de pasos que se usan para resolver un problema de matemáticas.

ángulo Figura formada por dos semirrectas que tienen el mismo extremo.

ángulo agudo Ángulo que está menos abierto que un ángulo recto.

ángulo de un grado sexagesimal Ángulo que ocupa $\frac{1}{360}$ de un círculo y mide 1°.

ángulo llano Ángulo que forma una línea recta.

ángulo obtuso Ángulo cuya abertura es mayor que la de un ángulo recto pero menor que la de un ángulo llano.

ángulo recto Ángulo que forma una esquina recta.

año Unidad de tiempo igual a 365 días, o 52 semanas, o 12 meses.

año bisiesto Año que ocurre cada cuatro años y que tiene un día más que se agrega en febrero. El año bisiesto tiene 366 días.

área Cantidad de unidades cuadradas que se necesitan para cubrir una región.

C

capacidad Cantidad que cabe en un recipiente, medida en unidades de medida para líquidos.

centésimo/a Una de las 100 partes iguales de un entero.

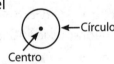

centímetro (cm) Unidad métrica usada para medir la longitud.
100 centímetros = 1 metro

centro Punto dentro de un círculo que está a la misma distancia de todos los puntos del círculo.

círculo Plano cerrado en el cual todos los puntos están a la misma distancia de un punto llamado centro.

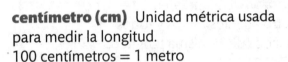

clave Parte de una gráfica que indica lo que significa cada símbolo.

cociente Respuesta de un problema de división.

cocientes parciales Manera de dividir hallando cocientes por partes hasta que solo quede el residuo, si es que lo hay.

comparar Decidir si un número es mayor que, menor que o igual a otro número.

compensación Escoger números cercanos a los números de un problema para facilitar el cálculo y luego ajustar la respuesta a los números escogidos.

componer Combinar partes.

común denominador Número que es el denominador de dos o más fracciones.

conjetura Enunciado que se considera verdadero pero no se ha demostrado.

contar hacia adelante Contar desde el número menor hasta el número mayor para hallar la diferencia de dos números.

contar hacia atrás Contar desde el número mayor hasta el número menor para hallar la diferencia de dos números.

cuadrado Cuadrilátero que tiene cuatro ángulos rectos y todos los lados de la misma longitud.

cuadrilátero Polígono de 4 lados.

cuarto (cto.) Unidad usual de capacidad. 1 cuarto = 2 pintas

cubo Sólido con seis caras que son cuadrados idénticos.

cucharada (cda.) Unidad usual de capacidad. 1 cucharada = 3 cucharaditas

cucharadita (cdta.) Unidad usual de capacidad. 3 cucharaditas = 1 cucharada

datos Información reunida.

década Unidad de tiempo que equivale a 10 años.

décimo/a Una de las diez partes iguales de un entero.

decímetro (dm) Unidad métrica de longitud igual a 10 centímetros.

denominador Número que está debajo de la barra de fracción y que representa la cantidad total de partes iguales que hay en un entero.

descomponer Método de cálculo mental usado para expresar un número como la suma de números para crear un problema más sencillo; Separar en partes.

desigualdad Oración numérica en la que se usa el símbolo mayor que (>) o el símbolo menor que (<) para mostrar que dos expresiones no tienen el mismo valor. *Ejemplo:* 5 > 3

día Unidad de tiempo que equivale a 24 horas.

diagrama de barras Herramienta usada para entender y resolver problemas verbales.

diagrama de puntos Manera de mostrar datos en una recta numérica, donde cada punto representa un número de un conjunto de datos.

diferencia Resultado de restar dos números.

dígitos Símbolos usados para escribir un número: 0, 1, 2, 3, 4, 5, 6, 7, 8 y 9.

dividendo El número que se divide.

dividir Realizar una operación para hallar la cantidad que hay en cada grupo o la cantidad de grupos iguales.

divisible Que puede dividirse por otro número sin que quede residuo. *Ejemplo:* 10 es divisible por 2.

divisor El número por el cual se divide otro número.
Ejemplo: $32 \div 4 = 8$

Divisor

E

ecuación Oración numérica que usa el signo igual (=) para mostrar que dos expresiones tienen el mismo valor.
Ejemplo: $9 + 3 = 12$

eje de simetría Recta sobre la que se puede doblar una figura y se forman dos mitades iguales.

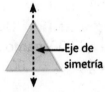
Eje de simetría

encuestar Reunir información haciendo la misma pregunta a varias personas y anotando las respuestas.

equivalentes Números que representan la misma cantidad.

escala Números que muestran las unidades que se usaron en una gráfica.

estimación por defecto Estimación que es menor que la respuesta real.

estimación por exceso Estimación que es mayor que la respuesta real.

expresión Frase matemática.
Ejemplos: $x - 3$ o $2 + 7$

expresión numérica Expresión que contiene números y al menos una operación.
Ejemplo: $35 + 12$

F

factor común Número que es factor de dos o más números dados.

factores Números que se multiplican para obtener un producto.
Ejemplo: $3 \times 6 = 18$
Factores

familia de operaciones Grupo de operaciones relacionadas que contienen el mismo conjunto de números.

forma desarrollada Número escrito como la suma de los valores de sus dígitos.
Ejemplo: $2,476 = 2,000 + 400 + 70 + 6$

forma estándar Manera de escribir un número que muestra solo los dígitos. Los grupos de tres dígitos, comenzando por la derecha, están separados por comas.
Ejemplo: 613,095

fórmula Ecuación en la que se usan símbolos para relacionar dos o más cantidades.
Ejemplo: $A = \ell \times a$

fracción Un símbolo, como $\frac{2}{3}$, $\frac{5}{1}$ u $\frac{8}{5}$, usado para representar una parte de un entero, una parte de un conjunto o una ubicación en una recta numérica.

fracción de referencia Fracción conocida que se usa comúnmente para hacer una estimación.
Ejemplos: $\frac{1}{4}$, $\frac{1}{3}$, $\frac{1}{2}$, $\frac{2}{3}$ y $\frac{3}{4}$

fracción unitaria Fracción con un 1 como numerador.
Ejemplo: $\frac{1}{2}$

fracciones equivalentes Fracciones que nombran la misma región, la misma parte de un conjunto o la misma parte de un segmento.

frecuencia La cantidad de veces que aparece una respuesta en un conjunto de datos.

galón (gal.) Unidad usual de capacidad. 1 galón = 4 cuartos

generalizar Hacer un enunciado general.

grado (°) Unidad para medir ángulos. $1° = \frac{1}{360}$ de un círculo. También es una unidad para medir la temperatura.

gráfica de barras Gráfica que muestra datos usando barras.

gramo (g) Unidad métrica de masa. 1,000 gramos = 1 kilogramo

hacer una estimación Dar un valor aproximado en vez de una respuesta exacta.

hexágono Polígono de 6 lados.

hora Unidad de tiempo que es igual a 60 minutos.

incógnita Un valor desconocido que se puede representar con un símbolo o letra, como x.

intervalo Un número que es la diferencia entre dos números consecutivos en la escala de una gráfica.

kilogramo (kg) Unidad métrica de masa igual a 1,000 gramos. 1 kilogramo = 1,000 gramos

kilómetro (km) Unidad métrica de longitud igual a 1,000 metros. 1 kilómetro = 1,000 metros

lado Cada uno de los segmentos de recta de un polígono.

libra (lb) Unidad usual de peso. 1 libra = 16 onzas

litro (L) Unidad métrica de capacidad. 1 litro = 1,000 mililitros

M

masa Cantidad de materia que contiene una cosa.

matriz Manera de mostrar objetos en filas y columnas.

medida del ángulo Cantidad de grados de un ángulo.

mes Una de las 12 partes en las que se divide un año.

metro (m) Unidad métrica de longitud. 1 metro = 100 centímetros

mil millones Período de tres lugares a la izquierda del período de los millones.

milenio Unidad para medir tiempo que es igual a 1,000 años.

miligramo (mg) Unidad métrica de masa. 1,000 miligramos = 1 gramo

mililitro (mL) Unidad métrica de capacidad. 1,000 mililitros = 1 litro

milímetro (mm) Unidad métrica de longitud. 1,000 milímetros = 1 metro

milla (mi) Unidad usual de longitud. 1 milla = 5,280 pies

millones En un número, el período de tres lugares que está a la izquierda del período de los millares.

minuto Unidad de tiempo que es igual a 60 segundos.

modelo de área Rectángulo que se usa para representar la multiplicación y la división de números enteros.

múltiplo Producto de un número entero dado y un número entero distinto de cero.

N

nombre de un número Manera de escribir un número con palabras.
Ejemplo: Cuatro mil seiscientos treinta y dos.

numerador En una fracción, número que está arriba de la barra de fracción y que representa la parte del entero.

número compuesto Número entero mayor que 1 que tiene más de dos factores.

número decimal Número con uno o más dígitos a la derecha del punto decimal.

número mixto Número que tiene una parte de número entero y una parte fraccionaria.

número primo Número entero mayor que 1 que tiene exactamente dos factores, 1 y el número mismo.

números compatibles Números que se pueden calcular mentalmente con facilidad.

números enteros Los números 0, 1, 2, 3, 4 y así sucesivamente.

O

octágono Polígono de 8 lados.

onza (oz) Unidad usual de peso. 16 onzas = 1 libra

onza líquida (oz líq.) Unidad usual de capacidad. 1 onza líquida = 2 cucharadas; 8 onzas líquidas = 1 taza

operaciones inversas Operaciones que se cancelan entre sí.
Ejemplos: Sumar 6 y restar 6; Multiplicar por 4 y dividir por 4.

paralelogramo Cuadrilátero que tiene dos pares de lados paralelos.

pares de factores Números que cuando se multiplican entre sí dan un producto determinado.

patrón que se repite Patrón compuesto por figuras o números que forman una parte que se repite.

pentágono Figura plana de 5 lados.

perímetro La distancia que hay alrededor de una figura.

período En un número, grupo de tres dígitos separados por comas, comenzando por la derecha.

peso La medida de lo que pesa un objeto.

pie Unidad usual de longitud.
1 pie = 12 pulgadas

pinta (pt) Unidad usual de capacidad.
1 pinta = 2 tazas

polígono Plano cerrado formado por segmentos de rectas.

prisma rectangular Sólido que tiene 6 caras rectangulares.

producto Respuesta de un problema de una multiplicación.

productos parciales Productos que se hallan descomponiendo un factor de una multiplicación en unidades, decenas, centenas y así sucesivamente, y luego multiplicando cada uno de estos por el otro factor.

progresión Conjunto de números que sigue un patrón.

propiedad asociativa de la multiplicación
Los factores se pueden reagrupar sin que cambie el producto.

propiedad asociativa de la suma
Los sumandos se pueden reagrupar sin que cambie la suma.

propiedad conmutativa de la multiplicación Los factores se pueden multiplicar en cualquier orden sin que cambie el producto.

propiedad conmutativa de la suma
Los números se pueden sumar en cualquier orden sin que cambie la suma.

propiedad de identidad de la multiplicación El producto de cualquier número y uno es ese número.

propiedad de identidad de la suma
La suma de cualquier número más cero es ese número.

propiedad del cero en la multiplicación
El producto de cualquier número y cero es cero. *Ejemplos:* $3 \times 0 = 0$; $5 \times 0 = 0$

propiedad distributiva Multiplicar una suma (o diferencia) por un número es lo mismo que multiplicar cada número de la suma (o diferencia) por el número y sumar (o restar) los productos.
Ejemplo: $(3 \times 21) = (3 \times 20) + (3 \times 1)$

pulgada (pulg.) Unidad usual de longitud. 12 pulgadas = 1 pie

punto Una ubicación exacta en el espacio.

punto decimal Punto usado para separar los dólares de los centavos en una cantidad de dinero o para separar las unidades de las décimas en un número.

reagrupar Expresar un número entero de otra manera.
Ejemplo: 32 = 2 decenas y 12 unidades

recta Camino derecho de puntos que se extiende indefinidamente en direcciones opuestas.

rectángulo Cuadrilátero que tiene cuatro ángulos rectos.

rectas intersecantes Rectas que pasan por el mismo punto.

rectas paralelas Rectas que nunca se intersecan.

rectas perpendiculares
Rectas intersecantes que forman ángulos rectos.

redondeo Proceso que determina de qué múltiplo de 10, 100, 1,000, y así sucesivamente, está más cerca un número.

regla Frase matemática que indica cómo se relacionan los números de una tabla.

reglas de divisibilidad Reglas que establecen cuándo un número es divisible por otro número.

residuo Número que sobra después de completar la división.

resolver una ecuación Hallar una solución para una ecuación.

rombo Cuadrilátero que tiene lados opuestos que son paralelos y todos sus lados de la misma longitud.

segmento de recta Parte de una recta que tiene dos extremos.

segundo Unidad de tiempo. 60 segundos = 1 minuto

semana Unidad de tiempo igual a 7 días.

semirrecta Parte de una recta que tiene un extremo y se extiende indefinidamente en una dirección.

siglo Unidad de tiempo que equivale a 100 años.

símbolo mayor que (>) Símbolo que señala en dirección contraria a un número o una expresión más grande.
Ejemplo: 450 > 449

símbolo menor que (<) Símbolo que señala en dirección a un número o una expresión menor.
Ejemplo: 305 < 320

simetría axial Una figura tiene simetría axial si puede doblarse sobre una línea para formar dos mitades que coinciden exactamente una sobre la otra.

sólido Figura tridimensional que tiene longitud, ancho y altura.

solución El valor de la variable que hace que una ecuación sea verdadera.

suma El resultado de sumar números.

suma repetida Manera de escribir una expresión de multiplicación como una expresión de suma.
Ejemplo: 3 × 5 = 5 + 5 + 5

sumandos Números que se suman para hallar una suma.
Ejemplo: 2 + 7 = 9
Sumandos

tabla de frecuencias Manera de representar datos que indica cuántas veces aparece una respuesta en un conjunto de datos.

taza (t) Unidad usual de capacidad.
1 taza = 8 onzas líquidas

términos Números de una progresión o variables, como *x* y *y*, en una expresión.

tiempo transcurrido Cantidad de tiempo que hay entre el comienzo y el fin de un suceso.

tonelada (T) Unidad usual de peso.
1 tonelada = 2,000 libras

transportador Herramienta usada para medir y trazar ángulos.

trapecio Cuadrilátero que tiene solo un par de lados paralelos.

triángulo Polígono de 3 lados.

triángulo acutángulo Triángulo que tiene tres ángulos agudos.

triángulo equilátero Triángulo que tiene tres lados de la misma longitud.

triángulo escaleno Triángulo que no tiene lados de igual longitud.

triángulo isósceles Triángulo con al menos dos lados iguales.

triángulo obtusángulo Triángulo que tiene un ángulo obtuso.

triángulo rectángulo Triángulo que tiene un ángulo recto.

U

unidad cuadrada Cuadrado con lados de una unidad de longitud que se usa para medir el área.

unidad cúbica Volumen de un cubo que mide 1 unidad de cada lado.

unidades de medida del sistema usual Unidades de medida que se usan en los Estados Unidos.

unidades métricas de medida Unidades de medida comúnmente usadas por los científicos.

V

valor de posición El valor del lugar que un dígito tiene en un número.
Ejemplo: En 3,946, el 9 está en la posición de las centenas. Por tanto, el valor de 9 es 900.

variable Símbolo o letra que representa un número.

vértice Punto donde se unen dos semirrectas y forman un ángulo.

volumen Cantidad de unidades cúbicas necesarias para llenar un sólido.

Y

yarda (yd) Unidad usual de longitud. 1 yarda = 3 pies

enVision Matemáticas